Dieter Boris/Anne Tittor
Der Fall Argentinien

Dieter Boris ist Professor am Institut für Soziologie an der Philipps-Universität in Marburg.
Anne Tittor ist Soziologin und wissenschaftliche Mitarbeiterin an der Philipps-Universität in Marburg.

Beide gaben 2005 (zuammen mit Stefan Schmalz) bei VSA den Band »Lateinamerika: Verfall neoliberaler Hegemonie?« heraus.

Dieter Boris/Anne Tittor
Der Fall Argentinien
Krise, soziale Bewegungen und Alternativen

VSA-Verlag Hamburg

www.vsa-verlag.de

© VSA-Verlag 2006, St. Georgs Kirchhof 6, 20099 Hamburg
Alle Rechte vorbehalten
Umschlagfoto: Arbeiter protestieren am 31.7.2001 in Buenos Aires gegen Renten- und Gehaltskürzungen und die hohe Arbeitslosigkeit (dpa)
Druckerei- und Buchbindearbeiten: Idee, Satz und Druck, Hamburg
ISBN 10: 3-89965-166-9
ISBN 13: 978-3-89965-166-9

Inhalt

Vorwort 7

1. Grundzüge der politischen und ökonomischen Entwicklung seit dem 19. Jahrhundert 9

Industrialisierung und Peronismus 12
Die nach-peronistische Periode zwischen Diktatur und Demokratie 15
Militärdiktatur und Re-Demokratisierung 18
Veränderungen der Sozialstrukturen
bis zum Beginn der 1990er Jahre 20

2. Neoliberalismus und die Krise von 2001 25

Die ökonomische Weichenstellung der 1990er Jahre 25
Zustimmung zur Politik Menems 26
Ökonomische Entwicklung der 1990er Jahre 28
Arbeitsverhältnisse und -beziehungen seit 1990 30
Arbeitslosigkeit und ihre gesellschaftliche Bedeutung 33
Armut und Einkommenspolarisierung 34
Gewinner und Verlierer der 1990er Jahre 35
Die Krise und ihre verschiedenen Erklärungsvarianten 39

3. Krisenmanagement und die Abkehr vom Neoliberalismus 48

Die Regierung Duhalde (Januar 2002 bis Mai 2003) 48
Die Regierung Kirchner (Mai 2003 bis Mai 2006) 51
IWF/Gläubiger 53
Wirtschaftspolitik und wirtschaftliche Entwicklung 56
Menschenrechts- und außenpolitische Neuorientierung 62
Die Zwischenwahlen vom 23. Oktober 2005 65

4. Soziale Bewegungen seit den 1990er Jahren 67

Allgemeine Charakteristika sozialer Bewegungen seit 1990 67
Veränderungen im gewerkschaftlichen Spektrum 72
Piquetero-Bewegung als politische Artikulation der Arbeitslosen 77

Die Bewegung Besetzter Betriebe 86
Stadtteilversammlungen, Kartonsammler und Tauschringe:
marktkonforme Selbsthilfe oder neue Form des Sozialen? 91
Die neue soziale Frage und ihre Verknüpfung mit den Themen
Rassismus, Geschlechterverhältnisse und Menschenrechte 95

5. Ausblick und Perspektiven 103

Zur kurz- und mittelfristigen ökonomischen Entwicklung 103
Renaissance eines veränderten Peronismus? 109
Perspektiven der Linken 119

Anhang

Abbildungen 126
Literatur 128
Abkürzungen 137

Vorwort

Der beispiellos schnelle und tiefe Absturz der stark neoliberal geprägten Wirtschaft Argentiniens in den Jahren 2001/02 hat seinerzeit weltweite Aufmerksamkeit erregt. Auch wenn das Land heute nur mehr selten in den Schlagzeilen vorkommt, war die argentinische Krise im Rückblick ein wichtiger Wendepunkt in der politischen Entwicklung Lateinamerikas. Im Kontext der damals eingetretenen starken Delegitimierung des neoliberalen Wirtschafts- und Gesellschaftsmodells sind mittlerweile viele Länder des Subkontinents von neoliberalen Maximen mehr oder minder abgerückt und haben – nach demokratischen Wahlen – »Mitte-Links-Regierungen« gebildet.

Diese suchen nach neuen Orientierungen, um die alten Probleme (die extreme soziale Ungleichheit, starke Abhängigkeit vom Weltmarkt, geringe ökonomische und politische Zusammenarbeit der lateinamerikanischen Nachbarländer etc.) mit neuen Ideen und Impulsen anzugehen. Mittlerweile ist die Diskussion über die Reichweite und Perspektiven dieser »Linkswende« in Lateinamerika auch hierzulande angekommen. Was aus diesen tastenden Versuchen einer überaus schwierigen Abkehr von neoliberalen Politiken zu lernen ist, welche Widersprüche und inkonsequenten Maßnahmen festzustellen sind, ist – trotz der gänzlich anderen Ausgangssituation – auch für die politische Analyse Europas von Bedeutung.

Unter dieser Zielsetzung wollen wir eine knappe Analyse der argentinischen Krise und des seither eingetretenen »Normalisierungs«-Prozesses unter teilweise veränderten Kräfte- und Machtverhältnissen vorlegen.

Nach der Darstellung der häufig übersehenen historischen und strukturellen ökonomischen Parameter der argentinischen Politik sollen insbesondere die krisenverstärkenden Momente der neoliberalen Ära von 1989 bis 2001 sowie die diversen Erklärungsansätze der Krise von 2001/02 vorgestellt werden. Die seit Beginn des Jahres 2002 einsetzenden Versuche des Krisenmanagements und der Rekonstruktion der argentinischen Gesellschaft – mit all ihren widersprüchlichen Resultaten – sind Gegenstand eines weiteren Kapitels. Danach wird den verschiedenen und auf ihrem Höhepunkt mit großer Kraft sich artikulierenden, teilweise neuen sozialen Bewegungen und ihrer späteren Entwicklung besondere Aufmerksamkeit geschenkt. In einem abschließenden Kapitel werden die ökonomischen und politischen

Perspektiven Argentiniens thematisiert. Die Frage, ob und wie die dortige Linke Einfluss auf die Veränderungs- und »Normalisierungs«prozesse zu nehmen vermochte, muss natürlich aufgeworfen werden.

Eine Erkenntnis ist dabei schon bei flüchtiger Betrachtung zu gewinnen: Die Abkehr vom neoliberalen Diskurs und von neoliberaler Politik muss nicht notwendigerweise zu einer systemtranszendierenden Übergangssituation führen und muss keineswegs mit einem Terraingewinn jener politischen Kräfte einhergehen, die unter dem Neoliberalismus am meisten gelitten und ihn eventuell am entschiedensten und frühesten bekämpft haben. Aber auch zu erfahren, warum dieses scheinbar »paradoxe« Resultat der jüngsten Geschichte Argentiniens fünf Jahre nach der großen Krise eingetreten ist, erweist sich als interessant und lehrreich.

Marburg, im Juni 2006 *Dieter Boris/Anne Tittor*

1. Grundzüge der politischen und ökonomischen Entwicklung seit dem 19. Jahrhundert

Argentinien, das Land mit fast kontinentalen Ausmaßen an der Südspitze Südamerikas, war lange Zeit im spanischen Kolonialreich ein »peripheres Terrain«, weil sich die spanischen Monarchen und ihre Vizekönige in Peru (Lima) vor allem für Edelmetalle interessierten, die aber damals in den später zu Argentinien zählenden Regionen nicht gefunden wurden. Erst kurz vor der Unabhängigkeitsperiode – seit Mitte des 18. Jahrhunderts – gewannen der interne Handel und die Ex- und Importe mit Spanien sowie der Schmuggelhandel eine so große Bedeutung, dass seit 1776 das im Kolonialverband selbständige Vizekönigreich Rio de la Plata entstand. Dort begannen schon sehr früh (1807) Unabhängigkeitskämpfe, die nach jahrelangen Auseinandersetzungen mit der Unabhängigkeitserklärung der »Vereinigten Provinzen des Rio de la Plata« im Jahre 1816 endeten (Kahle 1978: 104).

Die ersten Jahrzehnte der jungen Republik Argentinien waren von vielfältigen internen Auseinandersetzungen zunächst zwischen Monarchisten und Republikanern, den Zentralisten (Unitariern) und Provinzkräften (Föderalisten), zwischen handelskapitalistischen Klassensegmenten und Großgrundbesitzern, den Liberalen und Konservativen gekennzeichnet. Es gab erste zaghafte Anfänge internationaler Beziehungen zu Großbritannien, das u.a. einige Kredite an die noch sehr instabilen Regierungen vergab. Sie bewegten sich allerdings noch auf relativ niedrigem Niveau. Erst nach der Verabschiedung einer Verfassung (1853) und den nachfolgenden Versuchen zur Herstellung eines geeinten und konsolidierten Nationalstaats (ab 1860) konnte die politische Grundlage für verstärkte Außenbeziehungen gelegt werden. Der Aufbau einer zentralen Verwaltung und Bürokratie, eines stehenden Heeres, einer Bundespolizei und die Bildung von Wirtschaftskammern und zahlreichen anderen politischen und ökonomischen Institutionen führten dann seit 1870 zu einem steilen ökonomischen Aufstieg. Nicht zuletzt infolge der massiven Förderung der europäischen Immigration stieg die Bevölkerungszahl von 1869 bis 1895 von ca. 1,8 Millionen auf über vier Millionen. Als eine der ersten Städte des amerikanischen Kontinents überschritt Buenos Aires 1905 die Millionengrenze (1869 hatte es ca. 180.000 Einwohner). Der schnelle Ausbau des Eisenbahnnetzes (1890: 9.000 km; 1912: 32.640 km) sowie die rasante Verbreiterung und Erhöhung des schulischen Bildungsniveaus unter Präsident Domingo F. Sarmiento (1868-1874) schufen die infrastrukturellen Grundlagen für eine bedeutende ökonomische Dynamik, die sich in jener Zeit eines sich rasch entfaltenden Weltmarkts für Argentinien sehr wohlfahrtssteigernd auswirkte. Die technischen Innovationen im Transportwesen (neben Eisenbahn vor allem die Verbreitung der Dampfschifffahrt im transkontinentalen Seeverkehr) sowie insbesondere die Verfeinerung der Techniken der Fleischkonservierung (vom Gefrier- zum Kühlverfahren) führten mit fortschreitender Integration Argentiniens in den Weltmarkt zur Entwicklung eines Export-/Importsystems, das die ökonomische Grundachse des südamerikanischen Landes von 1870-1930 bilden sollte.

Die weitere Privatisierung von großen Ländereien und die intensivierte Erschließung des Agrarpotentials im Bereich der feuchten und später der trockenen Pampa (im Umkreis von ca. 500 bis 600 km um Buenos Aires), die nicht zuletzt mit der »Befriedung« bzw. Ausrottung der in den Randgebieten sich aufhaltenden indigenen Bevölkerungsteile (ca. 1860-1880) verbunden war, schafften die eigentumsmäßigen Voraussetzungen für eine kapitalistische Entwicklung der Landwirtschaft. Auf den großen, kapitalintensiv wirtschaftenden Gütern (»Estancias«) der Großgrundbesitzer und mittleren Pächter arbeiteten Lohn- und Wanderarbeiter. Weizen, Fleisch, Schafwolle, Häute und Mais waren die Hauptexportprodukte, die die Exporterlöse von 1875 bis 1929 annähernd verzehnfachten (Bieber 1978: 204).

Die Exportmärkte lagen überwiegend in Europa. Dies ermöglichte Argentinien nicht nur den Import einer breiten Palette von teilweise entwicklungsfördernden europäischen Waren (Anlagen, Zwischenprodukte), sondern bildete auch die Basis für Kapitalimporte in Form von Staatsanleihen, Krediten und Direktinvestitionen.

Damit war der argentinische Zentralstaat nunmehr weniger abhängig von lokalen Caudillos und Großgrundeigentümern. Er konnte seinen Apparat durch die Kapitalzuflüsse sowie die üppig sprudelnden Import- und Exportzölle mühelos ausdehnen. Der sich in dieser Periode rasch vollziehende Urbanisierungsprozess und die Ausdehnung des sekundären und tertiären Sektors, einschließlich der Herausbildung beträchtlicher selbständiger oder lohnabhängiger urbaner Mittelschichten, waren die »Nebeneffekte« dieses lang andauernden Aufschwungsprozesses, der nur relativ selten durch spekulative Überhitzungen oder plötzliche Preisstürze kurzfristig unterbrochen wurde (so z.B. 1889/91).

Der »angebotsseitige« Hauptgrund der langfristigen Expansion und Prosperität Argentiniens in dieser Phase lag in den beträchtlichen Grundrenten, die die über außerordentlich fruchtbare und scheinbar unbegrenzte Landressourcen verfügenden Grundeigentümer aus der florierenden landwirtschaftlichen Produktion ziehen konnten und die zu einem nennenswerten Teil im Land selbst wieder angelegt wurden. Die fast ständige Arbeitskräfteknappheit sorgte für ein relativ hohes Reallohnniveau, das zeitweise jenes in Frankreich und Italien zu Beginn des 20. Jahrhunderts deutlich übertraf. Diese Entfaltung der Masseneinkommen und damit der zahlungsfähigen Nachfrage wurde keineswegs nur durch interne agrarische Produkte und importierte Industriegüter befriedigt, sondern seit ca. 1900 in bemerkenswertem Umfang durch eine relativ schnell wachsende industrielle Produktion von Massenkonsumgütern (Gallo 1970: 48ff.).

Diese überaus rasche Modernisierung von Buenos Aires und des gesamten Litorals (also annähernd die Provinz Buenos Aires) – die Provinzen im Landesinneren hatten an dem wirtschaftlichen Wachstum dieser Periode kaum Anteil – führten zu Hoffnungen und Träumen von Argentinien als dem »Land der Zukunft«. Mit seinem relativ entwickelten Bildungs- und Gesundheitswesen, der niedrigen Kindersterblichkeit und dem moderaten, quasi »europäischen« Bevölkerungswachstum seit den 1920er Jahren sowie der rasanten Urbanisierung und einem relativ hohen Pro-Kopf-Einkommen schien das Land kurz vor dem Eintritt in die moderne Industriegesellschaft zu stehen.

Auch in kultureller Hinsicht und bezüglich des alltäglichen Wohlstands konnte das Argentinien der ersten Jahrzehnte des 20. Jahrhunderts viel weniger mit lateinamerikanischen Nachbarländern als mit den entwickelten europäischen Ländern verglichen werden. Mitte der 1920er Jahre entfielen ca. 70% der in Lateinamerika verschickten Telegramme und 60% des Papierverbrauchs für Bücher und Zeitungen auf Argentinien. Ähnlich sah das Verhältnis bei Telefonen und Autos aus. Im Jahre 1928 gab es in Argentinien ca. 400.000 Autos; zu dieser Zeit war die Relation von Autos und Telefonen pro Kopf der Bevölkerung in Frankreich und Großbritannien deutlich niedriger (Halperin Donghi 1996: 19). Nachdem sich auch die politischen Herrschaftsverhältnisse in den ersten Jahrzehnten des 20. Jahrhunderts durch Wahlrechtsreformen deutlich öffneten (nunmehr waren alle männlichen erwachsenen Staatsbürger wahlberechtigt) und damit den extrem oligarchischexklusiven Formen der Auswahl der Mandatsträger ein Ende gesetzt wurde, schien einem »normalen« ökonomischen Wachstums- und Demokratisierungsprozess, wie er idealtypisch in Modernisierungstheorien vorgezeichnet ist, nichts mehr im Wege zu stehen.

Industrialisierung und Peronismus

Eine bedeutende Zäsur markierte die Weltwirtschaftskrise von 1929ff. Die durch die Krisenauswirkungen in Bewegung geratenen Massen konnten von dem früher populären Präsidenten Irigoyen (Radikale Bürgerunion, UCR) nicht mehr integriert werden; dies führte zur Machtübernahme durch das Militär, was im Kern eine Rückkehr zum exklusiv oligarchisch-konservativen Regierungsstil des 19. Jahrhunderts – unter neuen Bedingungen – bedeutete. Damit begann das bis in die 1980er Jahre hineinreichende und für Argentinien typische Wechselspiel zwischen Militärdiktaturen und zivilen, demokratisch gewählten Regierungen. Die im Kern konservativen politischen Führungen, die an die Macht gelangten, sahen sich wegen der tiefen Krise gezwungen, in der Wirtschaftspolitik neue Wege einzuschlagen: Es ging um den Beginn bzw. die Fortsetzung eines staatlich begleiteten und abgestützten Industrialisierungsprozesses, durch den zumindest ein Teil der infolge der Agrarkrise freigesetzten ländlichen Bevölkerungsteile absorbiert wurde. Mit der Zäsur von 1930 ging einerseits die internationale Wanderungsbewegung sehr stark zurück. Andererseits erreichte die Binnenwanderung aus den Provinzen in das ökonomische Zentrum Buenos Aires und den daran angrenzenden Raum neue Dimensionen.[1]

Die von staatlicher Kredit-, Preis-, Währungs- und Zollpolitik aktiv unterstützte Industrialisierung war keine Herzensangelegenheit der konservativen Führungselite, sondern ein aus der Not geborener Importsubstitutionsprozess, der sich dem krassen Mangel an Exporterlösen und Devisen verdankte. Diese von den militärischen und zivilen Regenten bis Mitte der 1940er Jahre als vorübergehend betrachtete staatsinterventionistische und protektionistische Linie führte zu einem Industrialisierungsschub, der überwiegend von kleinen, handwerklich orientierten und arbeitsintensiven Be-

---

[1] »Die Intensität dieser Binnenwanderung wird aus der Tatsache ersichtlich, dass die Anzahl von Migranten, die zwischen 1936 und 1947 in die Hauptstadt ging, fast 40% der gesamten Bevölkerungszunahme in den Provinzen ausmachte.« (Bieber 1978: 209)

trieben getragen wurde; im Wesentlichen bezog er sich auf Massengüter des täglichen oder des gehobenen Gebrauchs. Dieser Prozess brachte im Laufe der Jahre und Jahrzehnte (bis 1955) eine neue argentinische Industrieunternehmerschicht hervor, die mit ihrer Binnenmarktzentriertheit und protektionistischen Einstellung eine grundsätzlich andere wirtschaftspolitische Orientierung als die der Großgrundeigentümer aufwies. Die Zahl der Beschäftigten im sekundären Sektor stieg in dieser Zeitspanne (von Anfang der 1930er Jahre bis Mitte der 1950er Jahre) von 1,1 Millionen auf 2,3 Millionen. Auch im Dienstleistungssektor kam es zu einem ähnlich explosiven Wachstum der Arbeitsplätze: von 1,8 Millionen auf 3,3 Millionen (Bieber 1978: 211f.).

Die sich mit dem erneuten Militärputsch 1943 ankündigende Herausbildung des Peronismus muss vor dem Hintergrund der außenpolitischen Konstellation und der durch den Industrialisierungsschub der 1930er Jahre veränderten Sozialstruktur interpretiert werden. Das sich abzeichnende Ende des Zweiten Weltkriegs, in dem Argentinien bis zum Zeitpunkt des Putsches neutral geblieben war, implizierte das Ende der ökonomischen und politischen »Ausnahmesituation« in der Sicht der der Agraroligarchie nahestehenden Regierungsrepräsentanten. Eine außenpolitische und außenwirtschaftlich wieder engere Bindung an Großbritannien würde die »klassischen« Austauschverhältnisse zwischen beiden Ländern wieder aufleben lassen. Allerdings warf diese mögliche Entwicklungsoption, die im Verlaufe des Krieges diskutiert wurde, die Frage nach dem Schicksal des mittlerweile gewachsenen industriellen Sektors und seiner Beschäftigten auf. Die Furcht, dass der Industrialisierungsprozess im Falle einer solchen Konstellation stagnieren oder sogar abgebrochen und die nationale Souveränität Argentiniens zugunsten einer klaren Unterordnung unter eine entwickelte kapitalistische Macht (Großbritannien) geopfert werden könnte, griff auch in Kreisen der Armee um sich. Innerhalb der seit den 1930er Jahren bestehenden Vereinigung der Grupo de Oficiales Unidos (GOU), die politisch denkende Offiziere unterschiedlicher Gesinnung – neben faschistoiden Kräften gab es auch linksnationalistisch eingestellte Offiziere – umfasste, entwickelten sich starke Tendenzen, dieses drohende Szenario zu verhindern, was schließlich im Jahre 1943 zu einem abermaligen Militärputsch führte. Die GOU fand für ihre Haltung sowohl innerhalb des Offizierskorps wie auch später – nach dem Putsch – in der argentinischen Gesellschaft einen gewissen Rückhalt. Vor allem deshalb, weil eines ihrer führenden Mitglieder, Oberst Perón, gleich nach dem Putsch als Leiter des »Arbeits- und

Wohlfahrtssekretariats« eindeutig die Interessen der (insbesondere neuen) Industriearbeiter und anderer Unterschichtensegmente unterstützte.

Nach Auseinandersetzungen innerhalb des Militärs und der Gewerkschaften kam es 1946 zu freien Wahlen, in denen Juan Domingo Perón über eine Koalition aus Vertretern der Agraroligarchie bis hin zu Repräsentanten der Kommunistischen Partei eine eindeutige Mehrheit gewann. Während der auch in der Nachkriegszeit günstigen Agrarexportkonjunktur konnte Perón die schon bis dahin vorgenommenen Verbesserungen der Lage der Arbeiter (Begünstigung der gewerkschaftlichen Organisierung, Einführung von Sozial- und Krankenversicherungen, Verbesserung des Gesundheitswesens auch für Arbeiter, Lohnerhöhungen, Freizeitangebote etc.) weiter ausbauen. Die massiv gestiegene gewerkschaftliche Organisierung unter der justizialistischen (peronistischen) Dachgewerkschaft »Confederación General de Trabajo« (CGT) wurde zur wichtigsten Machtbasis der Regierung Perón. Die zweite Amtszeit Peróns (1952ff.) wurde – nach einem gewissen Prestigeverlust bei der eigenen sozialen Basis und der Einigung ihrer Gegner – 1955 durch einen Militärputsch beendet. Sozialstrukturell und politisch waren die peronistische Bewegung und Regierung – ungeachtet aller inneren Pluralität – der politische Ausdruck eines Klassenbündnisses zwischen neuen Industrieunternehmern, städtischer Arbeiterklasse und Teilen der urbanen Mittelschichten unter Anleitung bestimmter Kreise des Militärs. Zwar trug dieses Regierungsprojekt viele anti-liberale und auch anti-intellektualistische Züge. Es war sicher keine lupenreine bürgerliche, aber dennoch eine Art von plebiszitärer, autoritärer Demokratie.[2] Der Sturz des peronistischen Regimes im Jahre 1955 war wiederum Ausdruck der gewandelten ökonomischen und politischen Situation in Argentinien selbst und auf dem Weltmarkt. Die von den urban-industriellen Arbeitern erreichten sozialen und

---

[2] Behinderungen der Presse oder Andersdenkender bei Bewerbungen, rüde Formen in der Auseinandersetzung im politischen Alltagsgeschäft, z.B. mit der Kirche etc., kamen durchaus vor. Nicht zu vergessen ist auch, dass Perón schon in der ersten Phase nach dem Militärputsch die kommunistischen Gewerkschaften verbot. Dennoch gelang es Perón mit seinen Maßnahmen, einen Massenanhang in großen Teilen der Bevölkerung zu gewinnen, ein »politisches Kapital«, das auch heute noch die politische Landschaft in Argentinien wesentlich prägt. Das Frauenwahlrecht wurde 1947 auf Drängen Evita Peróns, der charismatischen Ehefrau des Präsidenten, eingeführt. Zu den Charakteristika dieser »populistischen« Demokratie gehörte auch das ausgedehnte Wohlfahrtsprogramm für die breiten Massen, das selbst in Zeiten wachsender ökonomischer Schwierigkeiten im Wesentlichen beibehalten wurde.

rechtlichen Errungenschaften gerieten in dem Maße unter Druck, wie die günstige Agrarexportkonjunktur der Kriegs- und Nachkriegsphase zu Ende ging. Es stellte sich heraus, dass sich das relativ harmonische Einvernehmen zwischen industriellen Unternehmern und lohnabhängigen Massen gerade dieser Ausnahmesituation verdankte, die beide Pole im kapitalistischen Arbeits- und Verwertungsprozess – wenn auch nicht in gleichem Maße – begünstigt hatte.»Die Privilegien nationaler Industrieunternehmer und lohnabhängiger Schichten beruhten in letzter Konsequenz auf einer staatlich gelenkten Redistributionspolitik, die Einnahmen aus der exportorientierten Landwirtschaft in Industrie- und Dienstleistungssektoren weiterleitete. Als diese Redistributionspolitik durch zunehmende Exportschwierigkeiten im Verlaufe der 50er Jahre ins Stocken geriet, kamen jene Krisenerscheinungen auf, die in verschärfter Form noch heute andauern.« (Bieber 1978: 213)

Die nach-peronistische Periode zwischen Diktatur und Demokratie

Auch in der nach-peronistischen Entwicklung (1955 bis 1976) kam es zu einem mehrfachen Wechsel zwischen formeller Demokratie und Militärdiktatur. Für diese »Konstante« der politischen Instabilität waren zusätzlich vor allem zwei neue Faktoren maßgebend. Zum einen die stagnativen Tendenzen in der ökonomischen Entwicklung, die einen über Jahrzehnte sich vollziehenden allmählichen Abstiegsprozess der argentinischen Wirtschaft bewirkten (siehe unten); zum anderen der Umstand, dass die Peronisten in dieser Zeit immer über ca. 30 bis 40% der Stimmen verfügten. Das führte dazu, dass sie entweder von den Wahlen ausgeschlossen wurden oder aber, wenn sie zu einer relativ offenen und korrekten Wahl zugelassen wurden und dabei direkt oder indirekt die meisten Stimmen erhielten, erneut die politische Intervention des Militärs »provozierten«.

Dieses Verfolgtwerden sowie die politische Exklusion half wesentlich mit, eine peronistische Identität zu ausbilden und zu stabilisieren – unabhängig davon, dass die programmatischen Orientierungen dieser Bewegung und verbotenen Partei ziemlich diffus blieben und sich mit den Stichworten »nationalistischer Antiimperialismus«, anti-oligarchischer Diskurs, Eintreten für soziale Gerechtigkeit und Klassenversöhnung, Antikommunismus etc. umschreiben lassen.

Natürlich spielten die kollektive Erinnerung an die Prosperitätsperiode unter der ersten Regierung Perón und die an die nachfolgenden Generationen weitergereichten Erfahrungen eine ebenso große Rolle für die Persistenz des Peronismus in den Massen der argentinischen Unterklassen wie die fast ausschließlich peronistisch orientierten Gewerkschaften und die peronistischen Netzwerke an der Basis in fast jedem Winkel des Landes.

Erst nach fast zwanzig Jahren und mehreren Militärdiktaturperioden akzeptierten einige führende Generäle im Präsidentenamt, wie 1972 General Lanusse, ab Anfang der 1970er Jahre, dass eine Demokratisierung und ein Befriedungsprozess des Landes ohne die Partizipation der Peronisten nicht möglich war. Dies führte 1973 zur triumphalen Rückkehr des inzwischen 74-jährigen Juan Domingo Perón auf die politische Bühne Argentiniens – in einer Zeit, in der die Erwartungen an seine Wiederkehr allerdings extrem unterschiedlich waren, was schon bald, vor allem seit 1974/75, nach dem Tod des greisen populistischen Führers, zu bürgerkriegsähnlichen Zuständen führte. In dieser Situation, in der die bisherige Vizepräsidentin, die Witwe Peróns, Isabel, das oberste Regierungsamt übernahm, wurde das Land von heftigen sozialen Auseinandersetzungen, einem deutlichen Trend zur Hyperinflation und Zerfallserscheinungen des Staatsapparats geschüttelt. Die abermalige Intervention des Militärs im März 1976 führte zu einer Diktatur neuen Typs, die das Land – unter großen Opfern – bis 1983 zu ertragen hatte.

Die stagnativen Elemente in der argentinischen Ökonomie hatten sich bereits Anfang der 1950er Jahre angedeutet, schienen aber durch bestimmte wirtschaftspolitische Maßnahmen (z.B. die Anlockung von Auslandskapital) überwunden werden zu können. Erst verhältnismäßig spät – vielleicht seit Mitte der 1970er Jahre – drang ins öffentliche Bewusstsein, dass sich in Argentinien ein langfristiger Niedergangsprozess vollzog, der sich den strukturellen Koordinaten seiner Wirtschafts- und Machtstruktur verdankte. Der Abstiegsprozess – im Vergleich zur zweiten Hälfte der 1940er Jahre oder im Vergleich zu den 1920er Jahren – war an verschiedenen ökonomischen und sozialen Indikatoren ablesbar: Das Pro-Kopf-Einkommen wuchs seit den 1950er Jahren nur noch mäßig, die Exporte stagnierten ähnlich wie die agrarische Produktivität, der Anteil Argentiniens am Weltmarkt war rückläufig, der industrielle Sektor expandierte nur noch, wenn (zeitweise) ausländisches Kapital zufloss und sich vor allem im Bereich der hochwertigen Konsumgüterproduktion engagierte, die den hochgradig geschützten, relativ kleinen Binnenmarkt für diese Waren bediente.

Die nach-peronistische Periode zwischen Diktatur und Demokratie

Einer der für die Stagnation grundlegenden Faktoren war die extrem ungleiche Boden- und Machtverteilung auf dem Lande, die die großen Estancieros nicht zu einem breiten Modernisierungs- und Investitionsprogramm animierte. Ihre Grundrente war im Prinzip – auch bei Exporteinbußen – gesichert, große Investitionen schienen ihnen nicht lohnend – wegen der Unsicherheiten der Weltmarktentwicklung und der jeweiligen Wirtschaftspolitik der Regierung. Denn typisch für die argentinische Ökonomie war, dass im konjunkturellen Verlauf die Exportproduktion und Binnenmarktnachfrage in Konflikt gerieten, da Fleisch und Weizen einerseits die Hauptexportprodukte waren, andererseits zugleich wesentliche Elemente des Warenkorbs der lohnabhängigen Nachfrage bildeten und damit entscheidend für die Höhe der Reallöhne waren. Das bedeutete, dass der Export nur bei relativer Kompression des Binnenmarktes wuchs und umgekehrt die Exportprodukte sich verteuerten und an Konkurrenzfähigkeit einbüßten, wenn der Binnenmarkt florierte und die Nachfrage nach Fleisch und Weizen spürbar anstieg. In Phasen dynamischer Exportentwicklung und gleichzeitiger Binnenmarktdepression versuchten die Regierungen nicht selten durch Exportsteuern bestimmte Grundrentenanteile abzuschöpfen und durch staatliche Ausgabenprogramme den Binnenmarkt wieder zu stimulieren. Auch diese Maßnahmen führten schließlich dazu, dass die Großgrundeigentümer nicht das typische kapitalistische Investitionsverhalten unter Konkurrenzbedingungen an den Tag legten, sondern die Steigerung der Produktivität im Agrarsektor vernachlässigten. Sie fanden neue Anlagesphären im Handelssektor, im Bankenbereich, teilweise sogar in der nahrungsmittelverarbeitenden Branche oder aber transferierten überschüssiges Geldkapital ins Ausland. So wurde der Agrarsektor relativ vernachlässigt – und zwar über Jahrzehnte hinweg –, obwohl er nach wie vor die entscheidende ökonomische Grundlage und Hauptvariable der argentinischen Wirtschaft war. Deren fast einziger Motor lief jahrelang gewissermaßen auf »Sparflamme« und konnte der restlichen Wirtschaft des Landes kaum positive Impulse geben.

Die mangelnde Fähigkeit und Bereitschaft der industriellen Unternehmer, Teile ihrer Produktion auf dem Weltmarkt abzusetzen, trug gleichfalls nicht unerheblich zur geringen Dynamik der argentinischen Wirtschaft bei.[3]

---
[3] Zur Erklärung dieses Phänomens müsste auf verschiedene Faktoren, wie z.B. die Struktur und Größe der Industrie Argentiniens, die Möglichkeit der Generierung eigener Technologien, die Situation der Ausbildung usw. eingegangen werden. Vgl. Donges 1978: 360ff.

Schließlich bildeten die gut organisierten und kampfbereiten peronistischen Gewerkschaften ein bedeutendes Hindernis für Lohnsenkungen im industriellen Sektor; bei hohen Inflationsraten und sich einengendem Binnenmarkt sahen viele Unternehmer wenig Anlass, auf die Rentabilität von industriellen Investitionen zu hoffen. Diese verschiedenen Blockaden einer dynamischen Kapitalakkumulation wurden von Zeit zu Zeit u.a. durch das chronische Haushaltsdefizit, Inflationsschübe sowie Tendenzen zum außenwirtschaftlichen Ungleichgewicht verstärkt.

Militärdiktatur und Re-Demokratisierung

Die Errichtung der Militärdiktatur im März 1976 hatte kurzfristig die Funktion, die gewaltsamen Auseinandersetzungen einzudämmen bzw. im Sinne konservativ-reaktionärer Kräfte zu entscheiden. Mittel- und langfristig ging es um die Beseitigung der ökonomischen Entwicklungsblockaden des bisherigen Importsubstitutionsmodells und das endgültige Brechen des Widerstands der Gewerkschaften als reformistischer Gegenmacht. Am konsequentesten und brutalsten »löste« die Militärjunta die Niederschlagung der Gewerkschaften, insofern sie nicht nur aktive Gewerkschaftler verfolgen und ermorden ließ, alle gewerkschaftlichen Aktivitäten und Artikulationsmöglichkeiten verbot, sondern ganz generell fortschrittliche Gruppen und Segmente der Bevölkerung (aus der Jugend, den Intellektuellen-Kreisen, von Politikern, bestimmten kirchlichen Kräften usw.) unter Druck setzte und verfolgte. Die Resultate dieser Politik sind bekannt: ca. 30.000 Getötete und Verschwundene, ein Mehrfaches davon an verfolgten, teils ins Exil getriebenen Argentiniern, Zerschlagung der fortschrittlichen und linken Organisationsstrukturen usw. Dennoch war die Militärdiktatur auch auf diesem Terrain des politischen Kampfes letztlich erfolglos. Nach dem Malvinas/Falkland-Abenteuer (1982) schwoll der Massenprotest enorm an, und die Militärs mussten relativ schnell und ohne besondere Konditionen des Übergangs aushandeln zu können, sang- und klanglos die politische Bühne räumen (1983).

Auch auf ökonomischem Gebiet scheiterte das Militärprojekt (hochtrabend: »Proceso de Reorganización Nacional« genannt) kläglich. Zwar versuchte die Militärjunta das staatszentrierte und binnenmarktorientierte argentinische Modell zu eliminieren und zu öffnen. Die Zölle wurden gesenkt, der Finanzmarkt weitgehend liberalisiert, die Landwirtschaft gefördert und der Finanz- und Bankensektor eindeutig begünstigt. Die Arbeitsverhältnisse wagte sie allerdings nicht entscheidend anzutasten, auch gab es keine Privatisierungen in großem Stil. Der neoliberale Vorstoß war insofern inkonsequent und stark finanz-spekulativ ausgerichtet; die größten Vermögen wurden durch zinsgünstige Aufnahme internationaler Kredite und durch Weitergabe dieser Kredite zu hohen Zinssätzen in Argentinien selbst realisiert (vgl. Schvarzer 1983).

Das desaströse Resultat der Wirtschaftspolitik der Militärdiktatur wird schon durch einige Grundindikatoren deutlich: Der Wert des Inlandsprodukts fiel 1983 auf den Stand von 1977 zurück, das Fiskaldefizit verschlang 1983 rund 20% des BIPs. Die Auslandsverschuldung stieg in der Zeit der Militärdiktatur von ca. 7 Mrd. auf über 45 Mrd. Dollar. Zwischen 1976 und 1983 kam es sowohl im öffentlichen als auch im privaten Sektor zu einem deutlichen Rückgang der Investitionen. Die Reallöhne sanken bis 1982 um ca. 30 bis 40%, die Lohnquote erreichte mit 37% im Jahre 1982 einen historischen Tiefpunkt (Sommavilla 1996: 105, 123).

Die Wahl des Kandidaten der UCR, Raúl Alfonsín, zum Präsidenten Ende 1983 markierte das Ende der Militärdiktatur. Alfonsín oblag es, die politisch-moralische, ökonomische und kulturelle Erblast der repressivsten Militärherrschaft, die Argentinien bis dahin gekannt hat, aufzuarbeiten bzw. zu bewältigen. Zwar wurde eine Aufarbeitung der Militärperiode – auch mit Gerichtsprozessen gegen hohe Militärs und Juntamitglieder – in Angriff genommen, aber schon bald (seit 1986/87) formierte sich aus Kreisen des Militärs eine Gegenoffensive, die die Aufklärung über die Verbrechen der Militärs und die Bestrafung der Verantwortlichen behinderte bzw. zum Stillstand brachte.

Die hohen Schulden lasteten schwer auf der Regierung Alfonsín, eine Hypothek, die auch durch die schwache ökonomische Entwicklung während der 1980er Jahre kaum verringert werden konnte. Die Versuche der Regierung, mittels Sozialpakten, gemäßigter Fortsetzung der Importsubstitutionsstrategie, heterodoxer Anpassungspolitiken und eines moderaten Keynesianismus der strukturellen Probleme der argentinischen Ökonomie Herr zu werden, scheiterten. »Die Auseinandersetzungen zwischen den Gruppen, die eine Neuauflage der Importsubstitution wünschten, und denjenigen, die einen mehr oder weniger raschen Übergang zum außenorientierten Wachstumsmodell forderten, stellten die Regierung immer wieder vor schwierige Steuerungsaufgaben, die letztlich einer unmöglichen ›Quadratur des Kreises‹ gleichkamen« (Sommavilla 1996: 291).

Als zu Ende der 1980er Jahre und in der Schlussphase der Präsidentschaft Alfonsíns die hohe Inflation in eine Hyperinflation überging, Plünderungen von Supermärkten und Hungeraufstände den Alltag erschütterten, trat der Präsident vorzeitig zurück und konzedierte dem Nachfolger, dem mit großer Mehrheit gewählten Peronisten Carlos Menem, sogar mehr Regierungsvollmachten, als er selbst je zur Verfügung hatte. Diese wurden von Menem nach kurzem Zögern insofern beherzt genutzt, als er den Dauerkonflikt um die wirtschaftspolitische Weichenstellung zugunsten des außenorientierten, neoliberalen Modells entschied.»Das Inertia-Verhalten[4] der wirtschaftlichen und gesellschaftlichen Akteure, die im Laufe des jahrzehntelangen, inflationsfinanzierten Wachstums gelernt hatten, eine jede wirtschafts- und gesellschaftspolitische Initiative abzuwehren, die auf eine Verringerung ihres Anteils am Sozialprodukt abzielte, war letztlich die Ursache dafür, dass die wiederholten Stabilisierungsbemühungen und die graduelle Strukturanpassungsstrategie der Regierung Alfonsín scheiterten. Inzwischen hatte die aufwärtsgerichtete soziale Mobilität, die das Land über Jahrzehnte im lateinamerikanischen Kontext ausgezeichnet hatte, eine dramatische Umkehrung erfahren: Rasche Verarmung und Marginalisierung eines zunehmenden Anteils der Bevölkerung charakterisierten nun die gesellschaftliche Entwicklung.« (Sommavilla 1996: 292).

Veränderungen der Sozialstrukturen bis zum Beginn der 1990er Jahre

Wie bereits angedeutet, waren die Veränderungen der Sozialstruktur in Argentinien seit den 1930er Jahren wesentlich vor allem durch die ökonomische Langzeitentwicklung geprägt, was nicht ausschloss, dass bestimmte soziale Segmente und ihre Organisationen (z.B. die exportorientierten Großgrundeigentümer oder die gewerkschaftlich gebundene urban-industrielle Arbeiterklasse) ihrerseits einzelne Phasen ökonomischer Konjunkturen zu beeinflussen vermochten.

Die Urbanisierungsrate nahm bei moderatem Bevölkerungszuwachs von 1930 bis 1990 auf ca. 83% zu. Das Wachstum der städtischen Lohnabhängigen seit den 1930er/40er Jahren erreichte Mitte der 70er Jahre seinen Höhepunkt mit einer Arbeitnehmerquote von ca. 74%. Seitdem dominiert die

---

[4] Inertia = Beharrungsvermögen

Ausdehnung der Arbeitsplätze im informellen Sektor und der »Tätigkeiten auf eigene Rechnung« (cuenta propia-Aktivitäten) die Entwicklung. Seit diesem Scheitelpunkt in der Mitte der 1970er Jahre kommt es auch zu einem allmählichen Anstieg der Arbeitslosigkeit, noch mehr der Armutsquote und einer verstärkten sozioökonomischen Polarisierung. Diese Entwicklung führte zu einer Zunahme der Komplexität und inneren Differenzierung der Sozialstruktur. Alle die argentinische Gesellschaft charakterisierenden Klassenblöcke haben in diesen Jahrzehnten wichtige Differenzierungsprozesse durchlaufen, die hier nur kursorisch angedeutet werden können.

Entsprechend den jeweiligen politischen und ökonomischen Rahmenbedingungen haben sich die Segmente der herrschenden Klasse Argentiniens in den einzelnen Phasen dieses Zeitabschnitts unterschiedlich entwickelt. Die große Agrarbourgeoisie hat ihre Positionen innerhalb des landwirtschaftlichen Bereichs eher noch ausbauen können und ihre Beziehungen zu und ihre Verankerung in agrarnahen Industriezweigen, im Handels- und Finanzsektor verstärkt. Die einheimische Industriebourgeoisie, die vor allem in der Importsubstitutionsphase der 1930er bis 1950er Jahre wuchs und eigene Vorstellungen von Entwicklung in die Politik trug, hat bis in die 1970er Jahre eine nicht unbedeutende Stellung innerhalb der herrschenden Klasse eingenommen, wenngleich sie mit dem allmählichen Niedergang der Importsubstitutionsstrategie an Einfluss verlor. Die Fraktion der ausländischen Kapitale innerhalb der argentinischen Ökonomie machte vor allem in der nachperonistischen Periode von 1955 bis Anfang der 1970er Jahre Terraingewinne in neuen Industriezweigen, stieß aber seit Mitte der 1970er Jahre aus politischen und ökonomischen Gründen auf die inzwischen entstandenen Entwicklungsblockaden. Diese zu beseitigen, war eine der Hauptintentionen der Militärdiktatur, die gerade die erste und die zuletzt genannte Fraktion der Großbourgeoisie in Argentinien favorisierte und mit einer Reihe von Regierungsmaßnahmen unterstützte. Damit förderte sie u.a. auch den Konzentrationsprozess zu Lasten von Teilen der nationalen mittleren und kleinen Unternehmen (Imbusch 1991: 180ff.). Die Persistenz der neugeschaffenen Strukturen im oberen Teil des Sozialaufbaus Argentiniens wird deutlich, wenn man sich vergegenwärtigt, dass die Dominanz ökonomischer Gruppen, die diversifiziert und integriert auftreten, sowie die ähnlich strukturierten transnationalen Kapitalgruppen auch im Laufe der 1980er Jahre während der Ära Alfonsíns ihre Positionen festigen konnten, obwohl sie ihre ökonomische Position gerade der Wirtschaftspolitik der Militärdiktatur verdankten.

Das mit der frühen Verallgemeinerung der kapitalistischen Warenproduktion und der Ausweitung der Staatstätigkeit einhergehende starke Wachstum der (vor allem) urbanen Mittelschichten gilt als weiteres Spezifikum der argentinischen Gesellschaft (jedenfalls im lateinamerikanischen Kontext). Mit ca. 40% der erwerbstätigen Bevölkerung 1947 und einem geringen Wachstum auf ca. 42% im Jahre 1980 (Imbusch 1991: 261) weist Argentinien sicherlich das breiteste Mittelschichtensegment in Lateinamerika auf. Die Entfaltung der Mittelschichten auf ein im Durchschnitt vom urbanen Arbeiterklassenlevel abgehobenen Niveau erreichte ihre Höhepunkte zweifellos in den 1950er und 1960er Jahren. Seither ist die relative Konstanz dieses – besonders heterogenen – sozialen Segments sowie sein gleichzeitig starkes absolutes Wachstum mit verstärkten internen Differenzierungsprozessen einhergegangen. Diese interne Ausdifferenzierung der Mittelschichten macht die gemeinsame Zuordnung zu den so genannten capas medias immer problematischer. Dies drückt sich u.a. auch darin aus, dass der Anteil der lohnabhängigen Mittelschichten (vor allem Angestellte, Verkäufer, Lehrer etc.) von ca. 47% (1947) auf ca. 70% im Jahre 1980 gestiegen ist, während sich der Anteil der selbständigen Mittelschichten (Einzelhändler, Kleineigentümer im städtischen und ländlichen Bereich, freie Berufe etc.) entsprechend verringert hat, was vor allem auf den Rückgang der kleinen ländlichen Produzenten zurückzuführen ist. Die neuen Mittelschichten waren vor allem im tertiären Sektor sowie im öffentlichen Bereich lokalisiert. Auch das Subsegment der »Arbeiter auf eigene Rechnung« (cuenta propia-Aktivitäten), die im Übergangsbereich zum informellen Sektor angesiedelt sind, ist stark gewachsen, allerdings auf Kosten der Kategorie der »Arbeitgeber« (mit bis zu zehn Beschäftigten).

Die deutlichen Polarisierungsprozesse innerhalb der Mittelschichten wurden seit Mitte der 1970er Jahre auf die anhaltende ökonomische Stagnationstendenz, Veränderungen in der Einkommensverteilung (in Richtung auf größere Ungleichheit) und auf veränderte Konsummuster zurückgeführt (Palomino 1989: 10-14).

In der Zeit der Militärdiktatur und auch in der daran anschließenden Phase der Re-Demokratisierung in den 1980er Jahren waren bestimmte Segmente der Mittelschichten, die mit Finanzgeschäften, dem Immobilienbereich, den Export- und Importaktivitäten, dem Versicherungswesen etc. verbunden waren, zweifellos die Gewinner der neuen wirtschaftspolitischen Orientierung, während die Teile der selbständigen Mittelschichten in der Produktion, im Handel und Dienstleistungssektor sowie die Mittelschichten im Staatssektor zumindest in großen Teilen als die »Absteiger« innerhalb des Mittelschichtenbereichs gelten können. Zugleich fand in dieser Periode eine stärkere Einbeziehung der Mittelschichten in die politischen Auseinandersetzungen statt, wenngleich die Art der Politisierung keineswegs mit der Schlechter- oder Besserstellung dieser Segmente quasi mechanisch korreliert.[5]

Die urban-industrielle Arbeiterklasse erlebte ihre größte quantitative Ausdehnung und ihren größten relativen Anteil an der gesamten erwerbstätigen Bevölkerung um die Mitte der 1970er Jahre. Seither ist ihr Anteil sowohl absolut und noch mehr relativ deutlich rückläufig. Überproportional stark vom Abbau von Arbeitsplätzen betroffen waren die industriellen Arbeiter, während die Situation bei Bauarbeitern oder Arbeitern im Dienstleistungsbereich relativ konstant geblieben ist. Vor allem in der Phase der Militärdiktatur mussten die argentinische Arbeiterklasse und ihre Organisationen eine zusätzliche Schwächung durch die überaus harte Repression und ihre extrem geringen Artikulationsmöglichkeiten hinnehmen.

Die genannten Tendenzen in der Entwicklung der Sozialstruktur, insbesondere der Abstieg von Teilen der Mittelschichten, die zunehmende Freisetzung von urban-industriellen Arbeitern, der Anstieg der offiziellen Arbeitslosigkeit usw. führten seit Ende der 1970er Jahre zum frappierenden Anstieg des informellen Sektors bzw. der marginalen Schichten in allen Wirtschaftssektoren, wobei es sich hier vor allem um Überlebensstrategien unter erschwerten ökonomischen Erwerbsbedingungen handelte. Insbesondere seit den 1980er Jahren stieg die Armutsquote in Argentinien kontinuierlich an, die Reallöhne stagnierten und blieben während der gesamten 1980er Jahre deutlich unter dem Niveau von Anfang bis Mitte der 1970er Jahre. Die Relation zwischen Gewinn- und Lohneinkommen hatte sich auf ein extremes Niveau von ca. 65% zu 35% zuungunsten der Arbeitnehmer zurückentwickelt. Der vor allem durch die Hyperinflation während der Jahre 1988 und 1989 beschleunigte Verarmungsprozess in Argentinien war selbst im lateinamerikanischen Kontext spektakulär. »Die downwards mobility,

---

[5] Auffällig ist allerdings die Tendenz der Zunahme von Streikaktivitäten seitens relevanter Mittelschichtsgruppen während der 1980er Jahre: »Insbesondere Lehrer, Ärzte und Krankenhauspersonal sowie Angestellte in Staatsunternehmen und der zentralen öffentlichen Verwaltung waren aktive Protagonisten in den Arbeitskonflikten. In den drei Jahren seit dem Plan Austral 1985 entfielen von den ca. 1500 Streiks rund zwei Drittel auf Gewerkschaften, die überwiegend Mittelklassenangehörige organisierten.« (Imbusch 1991: 276).

die sich im Laufe der 80er Jahre einstellte, wurde nicht zuletzt durch den raschen und unkontrollierten Verarmungsprozess weiter Bevölkerungsteile verdeutlicht. Die Geschwindigkeit, mit der die Verarmung der argentinischen Bevölkerung vor sich ging, zählte zu denjenigen sozioökonomischen Entwicklungen der sogenannten ›verlorenen Dekade‹, die selbst im krisenhaften lateinamerikanischen Kontext Aufsehen erregten. Die Bevölkerung von Bolivien, El Salvador, Guatemala, Haiti, Honduras, Nicaragua und Panama musste zwar einen wesentlich höheren Rückgang des Pro-Kopf-Einkommens verkraften. Im Bezug auf Argentinien überraschten allerdings die Geschwindigkeit und die Tragweite des Verarmungsprozesses.« (Sommavilla 1996: 256f.).

Unter diesen Bedingungen verwundert es nicht, wenn die politische Wende und die mit ihr einhergehende Implementierung neoliberaler Politik durch die Regierung Menem mit dem Versprechen einer grundsätzlichen Umkehr dieser Trends zunächst erwartungs- und hoffnungsvoll von der Mehrheit der argentinischen Bevölkerung aufgenommen wurde. Dass die neue ökonomische Politik die Bekämpfung der Hyperinflation in den Mittelpunkt ihrer Aktivitäten rückte, erhöhte zweifellos ihre Glaubwürdigkeit.

2. Neoliberalismus und die Krise von 2001

Die ökonomische Weichenstellung der 1990er Jahre

Nach dem Wahlsieg 1989 vollzog die Regierung des Peronisten Menem – entgegen ihren Wahlversprechen – einen Kurswechsel hin zu einer neoliberalen Wirtschaftspolitik. Bei der in Argentinien gerne als »Marktstreich« (*golpe de mercado*, u.a. Boron/Thwaites Rey 2004: 126) bezeichneten Wende spielten die zunächst erfolgreiche Inflationsbekämpfung und die (vorläufige) Dynamisierung der Wirtschaft eine herausragende Rolle. Innerhalb kürzester Zeit wurden die Maßnahmen des Konsenses von Washington[6] vertieft und 1991 eine Koppelung des Pesos an den US-$ (currency board) vorgenommen. »Neben der Wechselkursfixierung (1) waren es die schnelle und umfassende Privatisierung von Staatsunternehmen (2), (...) die Senkung der durchschnittlichen Importzölle von 50 auf etwa 10% und der Abbau fast aller nicht-tarifärer Handelshemmnisse (3) sowie die Umschuldung der argentinischen Schuldenlast im Rahmen des Brady-Plans, die eine Verringerung der Zins- und Tilgungsbelastung des Staates beinhaltete (4), sowie die Erhöhung der Staatseinnahmen durch die Anhebung der Mehrwertsteuer, verschärfte Steuerkontrolle etc. verbesserten die Einnahmeseite des Staates derart, dass bald Haushaltsüberschüsse erzielt wurden (5), schließlich kommt hinzu, dass auch eine gewisse Flexibilisierung der Arbeitsverhältnisse (6) begonnen wurde« (Boris 2002: 5f.).

Damit hat die Regierung Menem nahezu alle Forderungen der wirtschaftsliberalen Unternehmerverbände umgesetzt, die sie als privilegierte Ge-

---

[6] Unter dem Begriff »Washington Consensus« wird ein Maßnahmenbündel zusammengefasst, das John Williamson vom Washington Institute for International Economics 1990 in dem Aufsatz »What Washington means by Policy Reform« zusammenfasste. Er umfasst 1. die Begrenzung des Haushaltsdefizits, 2. die Kürzung der Staatsausgaben, 3. eine Steuerreform, die auf eine Ausweitung der Steuerbasis und niedrige Einstiegssätze zielt, 4. marktbestimmte Zinssätze, 5. Stabilisierung der Wechselkurse, 6. Liberalisierung der Importe, 7. freien Zugang für ausländische Direktinvestitionen, 8. Privatisierung von Staatsbetrieben, 9. Deregulierung, 10. Respektierung der Patent- und Eigentumsrechte (Williamson 1990). Der Washington Konsens gilt bei Gegnern und Befürwortern als Kernstück neoliberaler Wirtschaftspolitik und hat sich während der 1990er Jahre zur Doktrin entwickelt.

sprächspartner ansah und aus deren Kreis sie Schlüsselpositionen innerhalb des Wirtschaftskabinetts besetzte (Birle 1996: 213).

Die neue Wirtschaftspolitik, insbesondere ihr Herzstück, der *Plan Cavallo*, stieß im ersten Moment auf den erbitterten Widerstand der verarmten Bevölkerung (Carrera u.a. 1995). Nachdem die neue Wirtschaftspolitik aber ab 1991 tatsächlich ein Ende der Inflation mit sich brachte, was allen gesellschaftlichen Schichten, insbesondere der lohnabhängigen Bevölkerung und den Ärmsten zugute kam, stieß sie auf große Zustimmung in der Bevölkerung. 1995 waren nur noch Preissteigerungen von 1,8% zu verzeichnen (Messner 1997: 46). Das Ziel der »monetären Stabilität« erhielt nach den traumatisch erlebten Erfahrungen mit der Hyperinflation sogar Verfassungsrang. Das Ende der Inflation bewirkte bis 1994 einen deutlichen Rückgang der Armut. Lebten Anfang 1990 ca. 47% aller Argentinier unter der Armutsgrenze (bis 1988: 32%) sank die Zahl 1992 auf 22%, Anfang 1994 auf 18% – den tiefsten Stand des Jahrzehnts (vgl. auch Abb. 1 im Anhang auf S. 126 zum Großraum Buenos Aires).

Zustimmung zur Politik Menems

In der ersten Phase der Regierung Menem bis 1995 gab es wenig gesellschaftliche Gegenwehr – Zahl und Intensität von Streiks und sozialen Kämpfen erreichten einen Tiefpunkt (vgl. Kap. 4), und die mächtigen Unternehmerverbände zeigten sich zufrieden.[7] Während des »wirtschaftlichen Frühlings«, der auch auf den Erlösen der Privatisierung öffentlicher Unternehmen basierte [die Privatisierungserlöse Argentiniens beliefen sich nach Angaben der Weltbank auf über 28 Milliarden US-$ (zit. nach Vidal 2001: 124)], waren die enormen langfristigen Effekte dieses Wirtschaftsmodells für viele noch nicht sichtbar. Menems Politik erfreute sich im Gegenteil einer hohen Zustimmung, insbesondere bei den Mittelschichten. Dabei er-

---

[7] Dabei sind es v.a. die Interessenvertreter der exportorientierten Großunternehmen aus Industrie und Landwirtschaft, die großen Einfluss ausübten. CGI, CAI und CGE sowie die mittlere und Kleinindustrie im Allgemeinen waren bereits durch die Militärdiktatur und die wirtschaftspolitische Wende der 1980er Jahre geschwächt worden und konnten weder unter Alfonsín noch unter Menem die Wirtschaftspolitik nennenswert mitgestalten. Zudem näherten sie ihre Positionen denen der Großunternehmer an, die sich immer stärker in informellen Gruppen (Capitanes de Industria, Grupo de los 9 etc.) organisierten (Birle 1996: 211).

wies sich die Privatisierungspolitik als eine doppelt erfolgreiche Strategie, da sie »es erlaubte den Konflikt zwischen den dominierenden Fraktionen des (inländischen und ausländischen) Kapitals zu überwinden. Außerdem und in Konsequenz dessen, garantierte sie der Regierung Menem eine solide politische Unterstützung, mit der sie ihre Macht konsolidieren konnte« (Azpiazu/Basualdo 2004: 58).

Verschiedene kleinere Gewerkschaften bzw. Gewerkschaftsströmungen (vgl. Kap. 4) setzten sich gegen die Privatisierungspolitik zur Wehr, konnten sie aber nicht verhindern und wurden in breiten Teilen der Öffentlichkeit als »melancholische Protagonisten eines Argentiniens der Vergangenheit« gesehen (Schuster/Scribano 2001: 18).

Trotz der wirtschaftlichen Turbulenzen infolge der mexikanischen »Tequila-Krise« 1995 und eines drastischen Anstiegs der Arbeitslosigkeit auf neue historische Höchstwerte von knapp 20% im Großraum Buenos Aires sowie eines erneuten Anstiegs der Armut wurde Menem bei den Präsidentschaftswahlen 1995 mit 49,9% im ersten Wahlgang wieder gewählt – das wirtschaftliche und politische Modell Menems erfuhr breite gesellschaftliche Zustimmung (von Haldenwang 1996). Die PJ ging aus sämtlichen Wahlen bis einschließlich 1995 als Siegerin hervor, da sie innerhalb der oberen Schichten Stimmen gewann, ohne in den unteren Segmenten zu verlieren (Mustapic 2002: 326f., 334).

Menems Macht stützte sich auf eine Koalition aus den meisten Gewerkschaften und den Provinzgouverneuren, die er mit (mitunter persönlichen) Geschenken versorgte. Zunehmend kam es auch zur Annäherung der Arbeitgeberverbände und traditionell anti-peronistischer Kräfte an die Regierung. Trotzdem konnte Menem weiterhin auf den Zuspruch der ärmeren Bevölkerungsgruppen zählen, da langfristige politische Identitäten und der Ausbau klientelistischer Netzwerke der Armenfürsorge dem Peronismus Loyalitäten verschafften. Zudem fühlten sich bedeutende Teile der Mittelklasse von seinem unternehmerischen, weltoffenen und dynamischen Auftreten angezogen. Den urbanen Mittelschichten blieb die erste Hälfte der 1990er Jahre als prosperierende Epoche des Konsums und der Auslandsreisen in Erinnerung.

Zu sämtlichen wirtschaftspolitischen Maßnahmen schien es in der öffentlichen Meinung keine Alternative zu geben. Ab 1989 existierte zwischen PJ und UCR ein wirtschaftsliberaler Konsens, gegen dessen soziale Auswirkungen sich die 1993 als *Frente Grande* (»Große Front«) gegründete Neue Mitte-Linkspartei wendete, die ab 1995 als *FREPASO* (Frente para un país solidario, »Front für ein solidarisches Land«) hieß. Die beachtlichen Stimmenanteile, die sie auf sich vereinen konnte (1994: 13,2% und 1995: 20,7% der Stimmen), markieren den Bruch mit dem argentinischen Zwei-Parteien-System.

Dass die PJ 1999 abgewählt wurde, hing allerdings weniger mit den sozialen Kosten ihrer Wirtschaftspolitik als vielmehr mit Korruptionsverfahren zusammen. Als die Frepaso gemeinsam mit der UCR unter dem Namen *Alianza* die erste argentinische Koalitionsregierung unter de la Rua (1999-2001) bildete, führte sie die Wirtschaftspolitik der Vorgängerregierung fort und konnte deren soziale Konsequenzen mitnichten abfedern, während die argentinische Wirtschaft immer schlechtere Resultate vorzuweisen hatte. Die im Allgemeinen als schwach angesehene Regierung, aus der der Vizepräsident Carlos Álvarez (FREPASO) nach nur einem Jahr zurücktrat, wurde in der Öffentlichkeit als gescheitert betrachtet – insbesondere für die FREPASO bedeutete die Regierungsbeteiligung das Ende ihres kurzen Aufstiegs (Godio 2002: 21).

Ökonomische Entwicklung der 1990er Jahre

In den ersten Jahren der Dekade konnte die argentinische Wirtschaft bemerkenswert positive ökonomische Kennziffern vorweisen: Neben der Beseitigung der Inflation wurde bis 1998 ein Wirtschaftswachstum von durchschnittlich 5,6% erreicht. Das Bruttosozialprodukt pro Kopf erhöhte sich von 3.110 US-$ (1990) auf 8.140 US-$ (1997). Die teilweise hohen Wachstumsraten, die allerdings extrem schwankten (1990: -2%, 1991/92: 12%, 1993/94: 6%, 1995: -2%, 1996/97: 6-8%, 1998: 4% und 1999: 4%) –, brachten die Anhänger des Neoliberalismus zum Jubeln. Insgesamt ergibt sich für den Zeitraum 1990-2001 eine durchschnittliche jährliche Wachstumsrate von 4,9% (Gabbert u.a.: 126f.).

Durch den Abbau nicht-tarifärer Handelshindernisse und die Senkung der Zölle, die 1989 noch durchschnittlich 39% betragen hatten, auf durchschnittlich 10% – wobei Rohstoffe gar nicht, Importgüter mit 11% und Handelswaren mit 22% verzollt werden mussten – (Gerchunoff/Torre 1996: 741, zit. nach Murillo 2001: 139), vervierfachte sich der Außenhandel. Außerdem kam es zwischen 1990 und 1998 zu einem Anstieg der Investitionen um 175% und einer erheblichen Verringerung des Staatsdefizits (Nohlen/Zilla 2002: 251). Doch letztlich hatten diese Erfolge einen hohen Preis, denn zeitgleich wuchsen auch die Auslandsschulden stark an. Die Gesamtverschuldung bewegte sich von 1990 bis 1994 zwischen 63 und 76 Mrd. US-$, um dann dramatisch auf 99 Mrd. 1995, 131 Mrd. 1997 und 155 Mrd. im Jahr 1999 zu steigen (Gabbert u.a. 2001: 126f.).

Der Abbau des staatlichen Sektors nahm beachtliche Ausmaße an. 1980 arbeiteten ca. 20% aller Beschäftigten im öffentlichen Sektor, 2005 waren es nur noch knapp 15%. 1989 waren knapp eine halbe Million Menschen in staatlichen Betrieben des Telekommunikations-, Post-, Luftfahrt-, Wasser-, Energie-, Eisenbahn- und Gassektors beschäftigt. 1999 arbeiteten in diesen Betrieben gerade noch 75.000 Personen (Auyero 2002: 29). Im Eisenbahnbereich beispielsweise nahm die Zahl der Arbeiter von 100.000 (1989) auf 25.000 (1994) ab, nachdem sie sich schon seit den 1970er Jahren halbiert hatte (Schvarzer 1997: 266). Doch nicht nur im staatlichen Bereich kam es zu großen Entlassungswellen. Auch viele Unternehmen der Privatwirtschaft hatten mit den Subventionskürzungen und der vollständigen Öffnung des Binnenmarktes zu kämpfen. Zwischen 1991 und 2001 schlossen ca. 21.000 Betriebe. Gerade in der zweiten Hälfte der 1990er Jahre meldeten jährlich durchschnittlich 2.500 Betriebe Konkurs an (Magnani 2003: 37).

Der Beitrag der Industrie zur Wertschöpfung am BIP sank von 1990 bis 2003 von 41% auf 35%; insbesondere das verarbeitende Gewerbe erlebte einen deutlichen Rückgang. Gleichzeitig vergrößerte der Dienstleistungssektor seinen Beitrag vom 45% auf 54% und veränderte sich der Beitrag der Landwirtschaft leicht von 13% auf 11% (Weltbankberichte 2005: 312, 1992: 255).

»Die 90er Jahre waren entsprechend durch extreme De-Industrialisierungsprozesse und eine Schrumpfung technologie- und arbeitsintensiver Branchen im Vergleich zu wertschöpfungsarmen, ressourcennahen Bereichen gekennzeichnet, was negative Auswirkungen auf Beschäftigung und langfristiges Wachstum hat« (Hujo 2002: 116). Mit diesen Weichenstellungen ging einher, dass sich Argentinien noch stärker auf den Export von Primärgütern spezialisierte: 1999 exportierte Argentinien nur ca. 30% verarbeitete Industriegüter, den Hauptteil machten verarbeitete Agrargüter (35%), Rohstoffe (22%) und Brennstoffe (13%) aus (ebd.).

In den 1990er Jahren kam es außerdem zur Herausbildung einer Agroindustrie, die sich vor allem auf die Soja- und Sojaöl-Produktion spezialisierte und mit Biotechnologie hochrentabel produzierte. Exportprodukte wie Qualitätswein, Zitrusfrüchte und Tabak florierten, wobei die Marktsegmente von multinationalen Konzernen und einigen lokalen Wirtschaftsgruppen besetzt wurden. Gleichzeitig hat ein Konzentrationsprozess des ländlichen Bodens stattgefunden: Zwischen 1992 und 1999 reduzierte sich die Anzahl der Landwirtschaftsbetriebe um 32% (von 176.000 auf 116.000), während die Durchschnittsfläche der Betriebe von 243 auf 357 Hektar anwuchs (Mora/ Araujo, zit. nach Svampa 2005: 116). Heute exportieren fünf Großunternehmen 78% des Weizens, 79% des Mais, 71% des Sojamehls, 95% des Sojaöls und 99% des Sonnenblumenöls (Pengue 2004, zit. nach Svampa 2005: 116).

Zusammenfassend lässt sich feststellen, dass die endgültige Verabschiedung von allen Maßnahmen des Modells importsubstituierender Industrialisierung und die umfassende Hinwendung zum neoliberalen Wirtschaftsmodell für Argentinien faktisch ein Wachstum auf Schuldenbasis bei gleichzeitiger Übernahme vieler Unternehmen durch ausländisches Kapital (s.u.) und den Ausverkauf des Staatssektors bedeutete. Dieser Kurswechsel führte zunächst zu positiven ökonomischen Kennziffern, aber mittelfristig war der Erfolg – neben den krassen sozialen Verwerfungen – auch ökonomisch bei weitem nicht so überzeugend. Die Aufnahme immer neuer Schulden ab 1995 und die krampfhafte Weiterführung des eingeschlagenen Kurses konnten die einsetzenden Probleme nicht beheben – es spricht eher einiges dafür, dass sie sie verstärkten (s.u.). Seit 1998 geriet Argentinien in die Rezession, die in der tiefen Wirtschafts- und Finanzkrise 2001/02 in einem BIP-Verlust von 11% im Jahr 2002 kulminierte.

Zudem hatte diese Politik nachhaltige Auswirkungen auf die Arbeitsbeziehungen, die Einkommensverteilung und Lebensbedingungen, die sich für die Mehrheit der Bevölkerung deutlich verschlechterten. Selten in der Geschichte sind breite gesellschaftliche Sektoren so rapide verarmt, selten hat sich eine Sozialstruktur in dem Tempo wie in Argentinien verändert.

Arbeitsverhältnisse und -beziehungen seit 1990

Im Laufe der Dekade hat der Anteil der befristeten Arbeitsverträge um 40% zugenommen, um dann gegen Ende des Jahrzehnts wieder leicht zu fallen. Es kam außerdem zu einer Abnahme der dauerhaften Arbeitsverhältnisse und einer entsprechenden Zunahme von Beschäftigungsverhältnissen bis zu drei Monaten. Insgesamt verlängerte sich die durchschnittliche Zeit der Erwerbslosigkeit – insbesondere im Großraum Buenos Aires (González 2003: 97f.). In den Tarifverhandlungen war das Thema Arbeitszeitflexibilität ein wichtiger Streitpunkt, der in 75% aller Verhandlungen der 1990er Jahre aufgegriffen wurde (ebd.). Die Zahl derer, die wöchentlich 30 bis 45 Stunden arbeiteten, sank im Zeitraum von 1990 bis 2002 von 50% auf 42%, während immer mehr Menschen weniger als 30 Stunden oder mehr als 62 Stunden Wochenarbeitszeit absolvierten.

Kennzeichnend für diese Zeit ist nicht nur die Flexibilisierung der Arbeitszeiten, sondern im umfassenderen Sinn auch die Demontage sämtlicher arbeitsrechtlicher Absicherungen, was sich gut unter dem Begriff der Prekarisierung[8] fassen lässt. Prekäre Arbeitsbeziehungen zeichnen sich sowohl durch geringe Planungssicherheit hinsichtlich Lohnhöhe und Beschäftigungsdauer als auch durch das Fehlen sozialer Absicherungen aus (Rente, Unfallversicherungen, Arbeitslosenversicherung, Lohnfortzahlung im Krankheitsfall etc.). Javier Lindenboim schlägt vor, Prekarität empirisch durch die Abwesenheit einer Altersvorsorge[9] zu messen (Lindenboim 2004). Bei einer solchen Definition sieht man, dass auch z.B. staatliche Beschäftigte unter prekären Arbeitsbedingungen angestellt sein können. Seit 1980 ist der Anteil der prekär Beschäftigten von 14,6% auf 23,9% im Jahr 1990 konstant gestiegen und hat 1999 im Großraum Buenos Aires 33,6% erreicht (Lindenboim 2004: 26).[10]

Unter den Armen gehen 80% einer prekären Beschäftigung nach. Etwa 75% der neu geschaffenen Arbeitsverhältnisse in den Jahren 2003 und 2004

---

[8] Prekarität ließe sich folgendermaßen definieren: »Als prekär kann eine Erwerbstätigkeit bezeichnet werden, wenn die Beschäftigten aufgrund dieser Tätigkeit deutlich unter das Einkommens-, Schutz- und soziale Integrationsniveau sinken, das in der Gegenwartsgesellschaft als Standard definiert und mehrheitlich anerkannt wird.« (Dörre/Fuchs 2005:23). Der Begriff Prekarisierung verweist auf den Prozesscharakter, dem ständige Verschlechterung und Verunsicherung der Arbeitsverhältnisse innewohnen.

[9] Seit Mitte der 1980er Jahre wird in Argentinien darüber debattiert, wie das bereits Anfang des Jahrhunderts eingeführte und seither in Schüben ausgebaute Rentenversicherungssystem zu reformieren ist. 1993 wurde eine Mischform aus einem reformierten öffentlichen System (Sistema Integrado de Jubilaciones y Pensiones SNPS), das nach dem Umlageverfahren finanziert wird, und einem sowohl privat als auch staatlich verwalteten System mit Kapitaldeckungsverfahren eingeführt. Diese Rentenfonds werden aus Arbeitgeberbeiträgen und aus Steuermitteln an alle Versicherten – unabhängig von Lohnhöhe und Geschlecht – ausgezahlt. Allerdings wurden auch die Anwartschaftskriterien verschärft (30 Mindestbeitragsjahre), was gerade für Frauen, informell Beschäftigte und (vorübergehend) Arbeitslose eine Verschlechterung darstellen müsste (Sottoli 2002: 139ff.).

[10] Für den urbanen Raum insgesamt hat sich die Prekarität von 1991 von ca. 31% auf über 38% im Jahr 2000 erhöht (Lindenboim 2003: 78).

sind prekär, und bei den unter 25-Jährigen arbeiten 72% unter prekären Bedingungen, bei den über 65-Jährigen liegt der Anteil bei 58% (im Vergleich zu 49% insgesamt). Weniger betroffen sind die Altersgruppen 25-45 Jahre mit 45% und 45-65 Jahre mit 42% (Lozano 2005: 80). Der Prekarisierungsprozess schreitet auch innerhalb der ungeschützten Arbeitsverhältnisse weiter voran, was sich an dem kontinuierlichen Reallohnverfall und der Differenz zum Durchschnittslohn in den formellen Arbeitsverhältnissen erkennen lässt. 70% der Erwerbseinkommen reichen heute nicht mehr für den Standardwarenkorb einer Familie aus. Deshalb suchen immer mehr Mitglieder eines Haushaltes nach Arbeit, um ansatzweise das Familieneinkommen erhalten zu können. Nach Angaben des Ministeriums für Arbeit, Beschäftigung und soziale Sicherheit arbeiten in Argentinien 1,5 Millionen Kinder (25.2.05).[11] Der Anteil der erwerbswilligen Frauen ist in der letzten Dekade von 27,4% im Jahre 1990 auf 33,4% (2002) beachtlich gestiegen, die der real Erwerbstätigen von 25,3% auf 27,1%. Frauen sind überdurchschnittlich von Arbeitslosigkeit (1990: 14,3% und 2002: 24,6%) und von Unterbeschäftigung (1990: 14,3% und 2002: 24,6%) betroffen (alle Zahlen: INDEC).[12] Sie arbeiten häufiger in nicht registrierten Jobs: 58,8% der Frauen im Vergleich zu 47,8% der Männer im privatwirtschaftlichen Bereich (Minsterio de Trabajo 2004: 75).

Die Veränderung der Arbeitsverhältnisse bringt die Gewerkschaften strukturell in eine schwierige Position. Da vor allem die nicht-registrierte Beschäftigung und die Arbeitslosigkeit in den 1990er Jahren gewachsen sind, ist das relative Gewicht ihrer traditionellen Klientel geringer geworden. Dennoch fällt auf, dass die Gewerkschaften auch unter den formell Beschäftigten an Anhängerschaft verloren haben und v.a. die jüngeren Generationen nicht vom Sinn einer Mitgliedschaft überzeugen konnten.

---

[11] http://www.trabajo.gov.ar/conaeti/difusion/difusion.html
[12] Zum Vergleich: 1990 waren 7,2% Männer arbeitslos, 2002 20,2%. 1990 galten 6,0% Männer als unterbeschäftigt und 2002 15,4%.

Arbeitslosigkeit und ihre gesellschaftliche Bedeutung

Die Arbeitslosigkeit ist in den 1990er Jahren ständig gestiegen und erreichte ihren historischen Höchststand im Sommer 2002, seither fällt sie wieder. Im Großraum Buenos Aires liegt sie seit 1993 bei über 10% und kletterte 1995 und 2001/2002 auf über 20% (vgl. auch Abb. 1, S. 126). Berücksichtigt man zusätzlich, dass sich auch die Unterbeschäftigung drastisch erhöht hat, nähert man sich dem realen Bild der Beschäftigungssituation: Seit 1995 sind im Großraum Buenos Aires 30% der Bevölkerung arbeitslos oder unterbeschäftigt, 2002 waren es knapp 40%.

Während der 1990er Jahre hat sich die Struktur der Erwerbsbevölkerung, die von 1975 bis 2002 von 10,4 auf 15,3 Mio. Menschen gestiegen ist, bedeutend verändert (siehe Abb. 2, S. 126). Die einzige Kategorie, die sowohl absolut als auch relativ abgenommen hat, ist die der gewerkschaftlich organisierten Beschäftigten. Während im Mai 1975, bei einem Organisationsgrad von 49,9%, knapp 3,7 Mio. Beschäftigte Mitglied einer Gewerkschaft waren, waren es 2002 noch 3,4 Mio. Dementsprechend ist der Organisationsgrad um 10 Prozentpunkte auf 39% gefallen. Damals waren 37% der erwerbstätigen Bevölkerung gewerkschaftlich organisiert, jetzt sind es nur noch 22% (Palomino 2004: 5). Am stärksten ist die Gruppe der Arbeitslosen gewachsen – ihre Zahl hat sich verneunfacht und ihr Anteil an der Erwerbsbevölkerung ist von 3,5% auf 21,5% gestiegen. Während sich die Anzahl der registrierten abhängig Beschäftigten kaum verändert hat, findet nahezu die gesamte (absolute) Zunahme der Arbeitsplätze im informellen Bereich statt.

Die Einführung des neoliberalen Wirtschaftsmodells führte also im argentinischen Kontext nicht dazu, dass die Zahl der festen Arbeitsplätze signifikant gestiegen wäre – sie ist eher konstant geblieben (zwischen 1975 und 2002 ist sie absolut um knapp 25.000 gestiegen), während die nicht registrierte Beschäftigung um 1,3 Millionen Arbeitsplätze anwuchs und die Zahl der Arbeitslosen um knapp 3 Millionen stieg (vgl. Abb. 2, S. 126). »Das postulierte Ziel – Beschäftigungswachstum – mit dem die Veränderungen der (Arbeits-) Gesetzgebung während der Dekade der 1990er erfolgten, wurde nicht erreicht.

Das Resultat war die Abschaffung der Regelungen zur Personaleinstellung und des Kündigungsschutzes. Was erreicht wurde, ist eine größere Flexibilität in der Anheuerung von Arbeitskräften, was zu einer höheren Arbeitsrotation führte, eine höhere Instabilität der Beschäftigungsverhältnisse verursachte und die Schutzlosigkeit der Beschäftigten zunehmen ließ« (Marshall 2000, zit. nach González 2003: 103).

15-20% der erwerbsfähigen Bevölkerung sind in diesem ökonomischen Modell wohl bis auf Weiteres aus der Arbeitswelt ausgeschlossen, und viele erleben dies schon als Dauerzustand. So spricht Kirchner bereits von den »chronischen Arbeitslosen«, und die CTA errechnet in ihren Schätzungen, die von 4% Wirtschaftswachstum ausgehen (ohne die Empfänger der Arbeitslosenunterstützungen mitzuzählen), dass die Erwerbslosigkeit nicht vor 2010 unter 10% fallen wird (Lozano 2005: 97ff.). Der überwiegende Teil der Arbeitslosen geht irgendeiner Art von Arbeit nach, denn von 150 Pesos Familieneinkommen ist, auch wenn zusätzlich Nahrungsmittel geliefert werden, das Überleben kaum möglich. Unter den extrem Armen und Armen geben in Haushaltsbefragungen nur 10 bzw. 8% an, nicht zu arbeiten.

Armut und Einkommenspolarisierung

Noch nie waren in Argentinien so viele Menschen arm wie 2002. Noch nie waren die Armen so arm wie heute. Noch nie waren so viele Menschen, die arbeiten, trotzdem arm (Carmen Feijoó 2003: 12f.). Nachdem die Armutsquote von hohem Niveau aufgrund der Hyperinflation zu Beginn der 1990er sank, steigt sie seit 1994 mit 18% auf 28% 1996 und erhöhte sich nach einer kurzen Stagnationsphase auf 35% in 2001 und im Krisenjahr 2002 sogar auf 54% (vgl. Abb. 1, S. 126). Im Mai 2002 waren 45% aller Armen unter 18 Jahre alt; mehr als zwei Drittel aller Jugendlichen (69%) gelten als arm. Bei den unter 14-Jährigen sind es gar sieben von zehn (Minujin/Anguita 2004: 65f.). Der Anteil armer Haushalte ist von 21,8% im Mai 1991 auf 39,4% im Mai 2003 gestiegen.

Damit sind bedeutende Teile der Mittelschicht aus nahezu jeder Beschäftigungskategorie in die Armut abgerutscht. Die Menschen reagierten sehr verschieden auf den sozialen Abstieg, indem sie auf unterschiedliche Konsumgüter, Gewohnheiten und Versicherungsschutz (insbesondere Krankenversicherung) verzichteten, sich aus dem sozialen Leben zurückzogen oder sich immer weiter verschuldeten (Kessler 2002). Gemeinsam ist ihnen, dass sie zunächst die Verarmung für temporär hielten und sie vor ihrem Umfeld zu verbergen versuchten.

Die zunehmende Prekarisierung der Arbeitsverhältnisse, die sehr arbeitgeberfreundliche Politik der Regierung Menem, der exorbitante Anstieg der

Arbeitslosigkeit und die relative Schwächung der Gewerkschaften haben zu einer Polarisierung der Einkommen geführt, die historisch in dieser Geschwindigkeit ihresgleichen sucht. Sowohl anteilig als auch real haben die Arbeiter und ein großer Teil der Mittelschichten starke Einkommensverluste und einen umfassenden Verarmungsprozess zu spüren bekommen. Während sich die reichsten 20% der Bevölkerung 1974 noch 36% des Einkommens aneigneten, stieg ihr Anteil 1980 auf 41%, 1991 auf 44% und 2002 sogar auf 48%. Den 20% Ärmsten hingegen stehen statt 9% im Jahr 1974 im Jahr 2002 nur noch 5% zur Verfügung (vgl. Abb. 3, S. 127).

Auch anhand des Gini-Index[13] ist deutlich zu sehen, dass sich die Einkommensverteilung in Argentinien immer mehr polarisiert. Hatte er im Oktober 1980 noch 0,385 betragen, lag er 1986 bei 0,409, stieg bis 1991 auf 0,451, bis 1997 auf 0,472 und erreichte im Mai 2002 den Spitzenwert von 0,534 (Minujin/Anguita 2004: 107). »Wir wagen diesen Wandel als dramatisch zu qualifizieren, weil es wenige Fälle in der weltweiten Wirtschaftsgeschichte gibt, in denen die Ungleichheit so schnell, permanent und profund angewachsen ist« (ebd.).

Gewinner und Verlierer der 1990er Jahre

Am stärksten waren von diesen Entwicklungen die ärmsten Bevölkerungsschichten betroffen, deren Lebensverhältnisse sich im Laufe der 1990er Jahre deutlich verschlechterten.

In den letzten Jahrzehnten ist die Zahl der Menschen, die in den Armenvierteln (*Villas*) leben, stark gestiegen. Diese Viertel, in denen es keine städtebauliche Planung und Infrastruktur gibt, sind von Migranten (zunächst vor allem aus dem Norden des Landes, später auch zunehmend aus Bolivien, Peru und Paraguay) aus Abfallmaterialien sukzessive errichtet worden, wobei die Häuser direkt aneinander gebaut sind (Thimmel 2004: 180ff.). In der

---

[13] Der Gini-Index ist ein Maß für Einkommensungleichheit. Rechnerisch kann er zwischen 0 und 1 liegen, wobei niedrigere Zahlen egalitärere Einkommensverteilung bedeuten. Zum Vergleich: Die höchsten Gini-Indices haben Brasilien mit 0,607 (1998) und Nicaragua mit 0,603 (1998), die niedrigsten hatten die Slowakische Republik mit 0,195 (1992) und Norwegen mit 0,258 (1995). Der lateinamerikanische Durchschnitt lag 1999 bei 0,49 und in den 1990er Jahren bei 0,522; der der OECD Länder bei 0,412 (1990er Jahre) und der bundesdeutsche bei 0,300 (1994) (Weltentwicklungsbericht 2003: 288f.).

Stadt Buenos Aires lebten 1983 12.600 Personen in *Villas,* 1991 52.000 und 2001 116.000 (ebd.), im Großraum Buenos Aires sind es etwa eine Million. Alleine in La Matanza leben offiziell 70.000 Menschen (nach einer Studie der Universität General Sarmiento sind es weit über 100.000) in Elendsvierteln, in Lomas de Zamora ca. 90.000. Hinzuzuzählen sind knapp eine weitere Million Menschen, die in sehr schwer zu registrierenden, ebenso prekären Wohnverhältnissen leben (Fernández Wagner, pagina 12, 3.10.2005: 14).

Innerhalb der marginalisierten Bevölkerung sind einige Gruppen besonders benachteiligt. Unter ausgesprochen schlechten Arbeits- und Lebensbedingungen leiden die Einwanderer aus Bolivien und Paraguay, die in den letzten Jahrzehnten immigriert sind und zum großen Teil in Villas oder vergleichbaren Wohnverhältnissen leben. Viele Bolivianer leben ohne gültige Aufenthaltspapiere in Argentinien, was sie in eine sklavenähnliche Lebenssituation versetzt (pagina 12, 12.10.05: 7). Für 300 bis 400 Pesos arbeiten sie bis zu 18 Stunden sieben Tage die Woche in informellen Fabriken, insbesondere im Textilbereich. Häufig leben sie mit der ganzen Familie am Arbeitsplatz, sind aufgrund ihres rechtlichen Status ihren Arbeitgebern völlig ausgeliefert und bekommen den Lohn nicht oder nur teilweise ausgezahlt (ebd.).

In den 1990er Jahren hat auch ein bedeutender Teil der Mittelklassen eine Verschlechterung ihres Einkommens- und Wohlfahrtsniveaus und die Erosion sozialer Sicherheiten erlebt. Mit Prekarisierung und Arbeitslosigkeit ging eine Abwertung der Bildungsabschlüsse einher, sodass immer geringer bewertete Arbeitstätigkeiten von Menschen mit immer höheren Qualifikationen angenommen werden.

Allerdings existiert innerhalb der Mittelklassen auch ein nicht unbedeutender Teil, der durch die wirtschaftspolitische Kursänderung der letzten Jahrzehnte deutlich gewonnen hat. Dazu zählen die planenden Eliten, die professionellen, geschäftsführenden und strategisch wichtigen höheren Angestellten sowie eine neue Schicht von gut bezahlten Dienstleistern (Svampa 2002: 57).

Während der 1990er Jahre hat sich eine neue Allianz aus triumphierendem Peronismus und den argentinischen Eliten gebildet, die traditionell liberal und profund antiperonistisch eingestellt waren. Dies hat zunächst einmal materielle Gründe: »In einigen Bereichen gehen die bisherigen Reformen den Unternehmen noch nicht weit genug, aber zweifellos hat es seit Mitte des Jahrhunderts keinen anderen Präsidenten gegeben, dessen Politik in einem vergleichbaren Ausmaß den Interessen der Großunternehmer entgegengekommen wäre« (Birle 1996: 213). Der Privatisierungsprozess Anfang der 1990er Jahre hat einen kleinen Kreis finanzkräftiger Leute sehr bereichert. Die großen Unternehmer, die zuvor Dienstleistungen und Waren für den Staat produzierten, konnten sich hervorragend an die neuen Zeiten anpassen und wurden nicht selten die neuen Besitzer der Unternehmen, die sie zuvor geleitet hatten. Auch auf dem Land ist ein kleiner Kreis neuer Reicher entstanden, die mit hochtechnologischen Produktionstechniken große Gewinne aus der florierenden Exportwirtschaft ziehen können (s.o.). Außerdem gründeten sich zahlreiche Aktiengesellschaften, die die Unternehmen besaßen. Darunter war ein zunehmender Anteil ausländischen Kapitals, z.B. stammten im Jahr 2000 50% der Banken und 51% des dort vorhandenen Kapitals aus anderen Ländern (Bleger 2000, zit. nach Svampa 2005: 112). Die Gewinne der Privatunternehmen im Bereich zuvor öffentlicher Dienstleistungen werden für den Zeitraum von 1991 bis 2001 auf 34 Milliarden US-$ geschätzt, was deutlich die 23 Milliarden Investitionen (Kauf der Aktiva und Modernisierungen) überschreitet (Boron/Thwaites Rey 2004: 168f.). Die großen ökonomischen Gruppen *(grupos economicos)* waren neben transnationalen und lokalen Konzernen die Hauptgewinner von Strukturanpassungs- und Privatisierungsprogrammen, mit denen ein starker Konzentrations- und Zentralisierungseffekt einherging[14] (Teubal 2004: 183). Doch gegen Ende der 1990er Jahre wurden viele der inländischen Großkonzerne, die sich am Anfang der Dekade an den Privatisierungen beteiligt hatten, von ausländischem Kapital übernommen. Diese Kapital- und Einkommenskonzentration führte zu einem Einflussverlust der Unternehmerverbände, die zudem durch interne Fraktionierungen und die Dezimierung ihrer Mitgliederbasis geschwächt waren (Palomino 2002: 272ff.). Ebenso wie die Gewerkschaften verloren die Unternehmerverbände an Macht, womit das Modell korporativistischer Verhandlung und Einbindung insgesamt eine Schwächung erfuhr.

Die Annäherung der Eliten an die peronistischen Machthaber drückte sich auch in Stil und Habitus (insbesondere der Freizeitgestaltung) aus.

---

[14] Beispielsweise erhöhte sich der Exportanteil von fünf Speiseölfabriken von 38,7% (1990) auf 57,9% (1998) und 80% (2002). Der Marktanteil der großen Supermärkte wuchs von 27% (1984) auf über 50% (1997), was viele kleine Läden in den Konkurs trieb. Die Anzahl der Banken reduzierte sich von 205 (1995) auf 127 (1998) (alle Zahlen von Teubal 2004: 183ff.).

Während die teure Lebensweise der Elite immer schon nur ihr zugänglich war (spezielle Clubs und einige teure geschlossene Stadtteile, Freizeitaktivitäten wie Golf und Polo), bildeten die oberen Mittelschichten während der 1990er Jahre ebenso sichtbare ausschließende Lebensformen aus. So sind im *Conurbano* in direkter Nachbarschaft zu armen Vierteln umzäunte Viertel (*Countries*) entstanden, zu denen nur Anwohner, Beschäftigte und geladene Gäste Zutritt haben. Diese besitzen eigene Friseursalons, Dekorationsläden, Supermärkte, Lieferservice, Boutiquen und private Schulen, sodass lediglich die erwerbstätigen Familienmitglieder das *Country* verlassen.[15] Vor allem junge Paare mit kleinen Kindern, die einen Hang zum Konservatismus haben und als Hauptgrund für ihren Umzug ins *Country* die urbane Unsicherheit sowie den Wunsch unter Gleichen zu sein, angeben, prägen das Bild (Arizaga 2003: 132f.). An Berufsgruppen sind vor allem Architekten, Ärzte, Wirtschaftsprüfer, Anwälte, Ingenieure, Systemanalytiker und Programmierer vertreten, wobei viele als Selbstständige oder in eigenen Firmen arbeiten, aber auch ein bedeutender Anteil im Privatsektor abhängig beschäftigt ist. Darüber hinaus sind einige Verwaltungsangestellte und erfolgreiche Händler unter den Bewohnern. Insgesamt handelt es sich hier um die Teile der Mittelschichten im Aufstieg, die zu den Gewinnern der 1990er Jahre zählen (Svampa 2004: 66ff.). Während 1990 knapp 2.000 Familien in den *Countries* wohnten, sind im Jahr 1996 und 1997 5.000 weitere hinzugekommen, wobei die Preise und Kreditangebote für die entsprechenden Grundstücke immer mehr auf die Mittelschichten zugeschnitten wurden. Dieser soziale Schließungsprozess, der eng mit der Distinktion gegenüber denjenigen Teilen der Mittelschichten verbunden ist, die in der gleichen Phase in die Armut abgerutscht sind, ging mit einer starken Homogenisierung der *in-group* in Bezug auf Hobbys, Gewohnheiten und einer ästhetischen Standardisierung einher (Arizaga 2003: 139f.). Damit ist es zu einer gewissen Annäherung der oligarchischen Lebensweisen (hohe Wert-

---

[15] Treffend schreibt Welch Guerra: »Die Kinder der Inseln des Wohlstands brauchen diese Sphäre nie zu verlassen, sie bewegen sich immer innerhalb eines bestimmten Kreises, wachsen auf ohne Kontakt zu Menschen einer anderen Einkommensgruppe, werden mit dem Bus zur Schule gebracht, die wiederum als Privatschule eingezäunt und streng bewacht ist. Das Wochenende verbringen sie in der eigenen Siedlung oder in einem ebenfalls eingezäunten Freizeitparadies. Angehörige von Mittel- oder Unterschichten begegnen ihnen nur als Dienstpersonal oder als feindliche Fremde auf der anderen Seite des Zauns beziehungsweise der Fensterscheiben der Autos« (Welch Guerra 2004: 198).

schätzung der Ruhe, des Lebens im Grünen), denen der alten Oberschicht (die immer schon in sehr exklusiven Clubs verkehrt) und den neuen Gewinnern der 1990er Jahre gekommen.

So bleibt zu konstatieren, dass die materiellen Lebensbedingungen zur Jahrtausendwende für einen Großteil der argentinischen Bevölkerung deutlich schlechter waren als zu Zeiten der Militärdiktatur. Diese hatte die Absenkung des Lebensstandards auf repressive Weise begonnen, aber mit der politischen Demokratisierung ging kein Mehr, sondern ein Weniger an sozialer Gleichheit einher.

Die Krise und ihre verschiedenen Erklärungsvarianten

Es dürfte unbestritten sein, dass die 1998 einsetzende Rezession, die sich spätestens im Jahre 2001 in eine tiefe Währungs-, Finanz- und gesamtökonomische Krise transformierte, den gesellschaftlichen Zusammenhalt und die politische Stabilität des Landes auf sehr ernsthafte Weise bedrohte. Möglicherweise waren die Größendimensionen und gesellschaftlichen Auswirkungen noch gravierender als bei der Weltwirtschaftskrise (1929ff.): Rückgang des BSP von 1998 bis 2002 um über 20% (allein 2002 um ca. 11%), Investitionsrückgang um 60%, weitgehende Schrumpfung der internen Kaufkraft infolge des Reallohnverfalls und einer kombinierten Arbeitslosigkeit[16] von ca. 30%, schließlich plötzliches Anwachsen der Armut auf über 57% im Jahre 2002, was bedeutet, dass gerade in den Jahren 2001 und 2002 über fünf Millionen Argentinier zusätzlich die Armutslinie unterschritten (u.a. Carranza 2005: 66f.).

Die wichtigsten Stationen des Krisengeschehens sind kurz zu umreißen: In der zweiten Jahreshälfte 1998 begann die Rezession mit einem Stocken des Warenabsatzes und der Unterauslastung der Industrie; der weiter geschrumpften Binnennachfrage stand ein überproportionales Angebot gegenüber. Durch die brasilianische Krise Anfang 1999 und die darauf folgende Abwertung des Real wurde der argentinische Markt mit billigen brasilianischen Waren überschwemmt und so die Rezession verschärft. Die argentinische Ökonomie glitt von da an in den Bereich des »Minus-Wachstums«,

---

[16] Die (geschätzte) Zusammenfassung offener »Vollarbeitslosigkeit« mit der »verdeckten« und/oder partiellen Arbeitslosigkeit.

ohne auf Antriebskräfte durch eine entsprechende Staatsnachfrage oder durch eine Expansion der Exporte zählen zu können.

Der sich stets weiter verschuldende Staat und sein in der Rezession ansteigendes Haushaltsdefizit schien – nach neoliberaler Lesart – eine Politik der Nachfragestärkung völlig auszuschließen. Eine Expansion der Exporte hingegen war vor allem durch die Überbewertung des argentinischen Peso – im Gefolge der engen Bindung der Landeswährung an US-$ – nahezu unmöglich. Die außenwirtschaftliche, finanzielle Situation hatte sich infolge der Asienkrise 1997/98 und des Zahlungsmoratoriums Russlands 1998 erheblich verschlechtert. Die dadurch erhöhten Zinszahlungen an verunsicherte ausländische Gläubiger beliefen sich auf ca. 1% des BIP (d.h. etwa 2,8 Mrd. US-$) (Fanelli 2003: 146f.). Die fälligen Zinszahlungen wurden durch wachsende Kredite des IWF 1998 und Weihnachten 2000 getätigt, neue Gelder in Form von Staatsanleihen (mit hohen Risikoaufschlägen) flossen dagegen spärlicher ins Land. Im März 2001 spitzte sich die Krise noch einmal zu: Immer größere Mengen von Dollar-Depositen wurden aufgelöst und ins Ausland transferiert. Die verschiedenen kurzfristigen Krisenmanagementversuche (z.B. die Senkung der Staatsausgaben auf das Niveau der Einnahmen, »Null-Defizit-Strategie«; Umtausch von Staatstiteln etc.) im Laufe des Jahres 2001 brachten ebenso wenig Erleichterung wie der immer raschere Wechsel von Wirtschaftsministern. Als der IWF Anfang Dezember eine zugesagte Kreditauszahlung verweigerte, andere Geldzuflüsse ausblieben und die Kapitalflucht sich beschleunigte, griff die Regierung zum Mittel der Sperrung der Bankkonten, um das Bankensystem insgesamt aufrechtzuerhalten. Dies versetzte vor allem die Mittelschichten in Wut und Schrecken und führte zu Protestmärschen gegen die Kontensperrung. Durch diese Kontensperrung – nur in begrenzten Mengen konnten monatliche Abhebungen getätigt werden – wurde auch der informelle Sektor wegen der ausbleibenden Zahlungen der Mittelschichten, die ihn zu einem erheblichen Teil »alimentiert« hatten, sehr negativ getroffen. Da nunmehr praktisch keine »frischen« Gelder in das Land flossen, wurden die ökonomischen Kreisläufe mehr noch als zuvor schon unterbrochen.

Als Präsident de la Rúa am 19. Dezember eine nichtssagende, die Situation verharmlosende Rede hielt und den Notstand ausrief, brach der Sturm der Volkserhebung aus. Wirtschaftsminister Cavallo und danach Präsident de la Rúa traten zurück und hatten Mühe, sich vor dem »Volkszorn« in Sicherheit zu bringen. Dann begann das Präsidentenkarussell zu rotieren; der Staatsbankrott (»default«) wurde erklärt – der größte in der bisherigen

Die Krise und ihre verschiedenen Erklärungsvarianten

Wirtschaftsgeschichte – und die nationale Währung, der Peso, freigegeben, d.h. von seiner Bindung an den Dollar gelöst. Nach drei kurzfristigen oder übergangsweise regierenden Präsidenten wurde Eduardo Duhalde vom Kongress Ende des Jahres gewählt und am 2. Januar mit der Übernahme des Präsidentenamtes betraut. Die ökonomische und soziale Krise vertiefte sich allerdings im Jahre 2002 noch – mindestens bis zum Herbst. Seit diesem Zeitpunkt gab es dann leichte Signale der Besserung.

Zweifellos ist eine derartig tiefgreifende und sich beschleunigende Krise nicht einfach zu erklären und keineswegs nur auf ein oder zwei Faktoren zurückzuführen. Ein angemessener Erklärungsversuch hat unseres Erachtens von drei verschiedenen Zeitdimensionen und Strukturebenen des Krisenprozesses auszugehen: *einmal* von den strukturellen Blockaden und Schwachpunkten der argentinischen Ökonomie, wie sie im ersten Kapitel knapp umrissen wurden und die auch nach der neoliberalen Wende fortwirkten; zum *zweiten* von den wichtigsten Strukturveränderungen während der 1990er Jahre unter der Ägide Menems und *drittens* schließlich vom Rezessionsverlauf und der Krisenbewältigungsstrategie unter Präsident de la Rúa, die zweifellos zur Beschleunigung des Krisenprozesses beigetragen hat. Die Probleme aus diesen verschiedenen Zeit- und Strukturschichten schoben sich während der Krise ineinander und führten letztlich zu den in dieser Form nicht vorhergesehenen katastrophalen Ausmaßen.

Entscheidend war wohl, dass die wichtigsten wirtschaftspolitischen Maßnahmen der Menem-Ära die zentralen Schwächen und Widersprüche der argentinischen Ökonomie nicht nur nicht substanziell veränderten, sondern auf mittlere Sicht sogar verschlimmerten: die geringe Wettbewerbsfähigkeit auf dem Weltmarkt, vor allem bei industriellen Produkten, die Kompression der Binnenkaufkraft infolge von hoher Arbeitslosigkeit, Reallohnverfall und Anstieg der Armutsquote, die Rohstofflastigkeit der Exporte, die Transnationalisierung der Ökonomie und die immer größere Abhängigkeit von der Zufuhr von Ressourcen aus dem Ausland (sei es in Form von Direktinvestitionen, Staatsanleihen oder Krediten). Die Öffnung der Ökonomie unter der Präsidentschaft Menems hat für sich genommen nicht zu einer Diversifizierung und Implementierung einer neuen Exportstruktur beigetragen. Auch die erhofften dynamischen Wirkungen der Privatisierung öffentlicher Unternehmen und deren Veräußerung an ausländische Gesellschaften traten höchstens kurzfristig ein. Die Übernahme der großen Unternehmen im Dienstleistungssektor (Telekommunikation, Erdöl, Elektrizität, Wasser etc.) durch ausländische Gesellschaften führte dazu, dass für den

Gewinntransfer in harter Währung alsbald Devisen bereit gestellt werden mussten, die diese Gesellschaften (deren hauptsächlicher Absatzmarkt der argentinische war) nicht »verdient« hatten. Dies vor allem ließ wiederum die Verschuldung innerhalb weniger Jahre (von 1995 bis 2001) explosionsartig von ca. 60 Mrd. auf über 140 Mrd. US-$ anwachsen.

Die seit Beginn der Rezession unhaltbar gewordene Verschuldungshöhe (über 80% der Exporterlöse mussten für Zins- und Tilgungsleistungen ausgegeben werden) führte dazu, dass seither die Zuflüsse von Geldkapital durch neue Kreditzusagen des IWF und durch Begebung neuer Staatsanleihen an immer restriktivere bzw. kostspieligere Bedingungen geknüpft wurden. Der IWF insistierte mitten in der Rezession, wie gewöhnlich, auf einem harten Austeritätskurs, was nach ökonomischer Lehrbuchweisheit einem strikten prozyklischen und damit die Krise verschärfenden Verhalten gleichkommt. Die überwiegend von privaten Sparern gezeichneten, immer wieder aufgelegten argentinischen Staatsanleihen konnten nur durch stets höhere Aufschläge (in Form von Risikopunkten gegenüber den US-Standardanleihen) überhaupt platziert werden. Dies führte zwangsläufig zu immer größeren Belastungen des argentinischen Haushalts, die wiederum neue Staatsanleihen erforderlich machten.

Weder durch den Export noch durch eine Belebung des Binnenmarktes war ein Ausbrechen aus dieser Konstellation möglich und denkbar. Da die Rezession mit einer deflationären Spirale nach unten einherging, wuchs das Gewicht der internen Schulden von Firmen und Regierung, da deren Einnahmenrückgang einem gleich hohen oder sogar steigenden Schuldendienst gegenüberstand (Fanelli 2003: 132, 153). Diese Tendenz zur Deflation wiederum wurde durch die spezifische Währungs- und Geldpolitik der argentinischen Regierung weiter genährt.

Das seit 1991 von Wirtschaftsminister Cavallo unter Präsident Menem eingeführte »Currency Board-System« sah eine völlige Konvertibilität des argentinischen Peso gegenüber dem US-$ vor; außerdem konnte nur soviel nationales Geld in Umlauf gehalten werden, wie Devisen (in US-$) in der Zentralbank vorhanden waren.[17] Dieses Währungsregime hatte dazu beigetragen, die Hyperinflation innerhalb weniger Monate auf einstellige Geldentwertungsraten zu reduzieren. Es hatte aber auf mittlere Sicht auch – immer fühlbarer werdende – Nachteile, die sehr lange Zeit, bis kurz vor dem

---

[17] Genau genommen, mussten nach dem »Konvertibilitäts«-Gesetz vom April 1991 80% der Geldumlaufmenge durch Devisen gedeckt sein (Chudnovsky u.a. 2003: 65).

definitiven Kollaps der argentinischen Ökonomie, von großen Teilen der Bevölkerung und den verschiedenen Regierungen (gleichgültig ob peronistisch oder von der »Alianza« geführt) in Kauf genommen wurden.

Neben der Unmöglichkeit einer eigenständigen Geld-, Kredit- und Währungspolitik war vor allem der Umstand nachteilig, dass bei dauerhafter Tendenz zur Überbewertung der argentinischen Währung die Exporte erschwert und die Importe (einschließlich der Auslandsreisen) erleichtert wurden. Diese – neben dem Abbau der Zölle und der Öffnung der Ökonomie – zusätzliche Bedrohung einheimischer Unternehmen führte ebenfalls zu zahlreichen Firmenzusammenbrüchen, dem Anstieg der Arbeitslosigkeit und der Erhöhung der Armutsquote. Gleichzeitig wies Argentinien ein Preisniveau auf, das dem der USA gleichkam – bei einem deutlich niedrigeren allgemeinen Produktivitätsniveau und natürlich wesentlich bescheideneren Einkommensniveaus. Die Wettbewerbsnachteile auf dem Weltmarkt – infolge der tendenziellen Überbewertung des argentinischen Peso – mussten, da Wechselkursmanipulationen ex definitione ausgeschlossen waren, über besondere Produktivitätssteigerungen und/oder Kostensenkungen (sprich: Lohnrestriktionen) kompensiert werden. Beides trat in Argentinien ein – wenn auch in nicht »ausreichendem Umfang« – und trug seinen Teil bei zu der »deflationären Spirale«, die den lang anhaltenden Rezessionsprozess von 1998 bis 2002 kennzeichnete (Boyer 2002: 2). Kurzum: Das »Currency Board-System« war eine selbstfabrizierte Zwangsjacke, die zwar kurzfristig die Hyperinflation beseitigte, mittelfristig aber sehr negative Begleiterscheinungen mit sich brachte. Dass diese nicht beseitigt wurden, wird heute vielfach als der größte Fehler der letzten argentinischen Regierung vor der Krise bezeichnet.

Wenn hier die verhältnismäßig bedeutungsvolle Rolle des Currency Board-Regimes herausgestellt wird, ist damit bereits die bis heute andauernde Debatte um die wesentlichen Ursachen und Verlaufsformen (bzw. deren kausale Verkettung) der argentinischen Krise angesprochen. Es kann nicht überraschen, dass in dieser Debatte auch stark ideologisierte Positionen, die den Anteil der neoliberalen Politik gänzlich eliminieren[18] oder zumindest verringern wollen, zu vernehmen sind.

---

[18] Eine Meisterleistung in plumper Apologetik vollbringt natürlich – wen wundert's? – der »Leiter der Forschungsgruppe ›Stabilität und Strukturanpassung‹ und Stellvertreter des Leiters der Abteilung ›Entwicklungsökonomie und weltwirtschaftliche Integration‹ am Institut für Weltwirtschaft an der Universität Kiel«, Dr. Rainer Schweickert. Da, so seine Argumentation, »eine restriktive Fiskalpolitik in einer Rezessionsphase kaum

Zum einen gibt es eine Auseinandersetzung darüber, ob es besonders relevante Kausalfaktoren für die Krise gibt. Nicht wenige Autoren ziehen sich auf die unbestimmte Formel von der Vielfalt der Faktoren zurück.[19] Dies trifft in dieser Allgemeinheit insofern zu, als solche historischen Prozesse immer auf eine Fülle von Elementen und Ursachen zurückzuführen sind. Die gesellschaftlich-ökonomische Realität ist komplex und entwickelt sich nicht einfach linear in eine bestimmte Richtung. Aber auch der Verweis auf die Vielfalt von Faktoren entbindet nicht von der Anstrengung, eine Hierarchie der Verursachungsmomente beim Zustandekommen und Verlauf einer solchen Krise zu suchen, denn ohne eine solche Hierarchisierung von Ebenen und Determinanten ist die Feststellung einer Entwicklungsrichtung unmöglich.[20]

Nicht wenige Autoren stellen die Korruptheit »der argentinischen Politiker« als gewissermaßen »anthropologische Konstante« in den Mittelpunkt ihrer »Erklärungen«,[21] andere verweisen auf die politische Ineffizienz und demokratiefeindliche politische Kultur, die sich im Klientelismus, Person-

---

zum Wesensmerkmal einer neoliberalen Politik« gehört und ebenso wenig eine »exzessive Verschuldungspolitik«, kann das neoliberale Modell als exkulpiert gelten. »Von einer Krise des neoliberalen Modells zu sprechen, ist also nicht gerechtfertigt.« (Schweickert 2002: 171).

[19] So z.B. stellt D. Nohlen zunächst zutreffend fest, dass »die Ursachen [der argentinischen Krise] vielfältig und komplex sind.« (Nohlen 2004: 76) Adäquat und mit unserem Erklärungsansatz übereinstimmend scheint zu sein, die verschiedenen Zeitdimensionen sowie die Verflechtung von exogenen und endogenen Faktoren zu betonen. Fragwürdig wird die Erklärung allerdings dann, wenn derartige Postulate alsbald in apodiktischer Verengung behauptet wird: »Im Kern handelt es sich um eine Krise kultureller Natur, der kulturellen Prägung der argentinischen Gesellschaft.« (ebd.: 77)

[20] »Die Hierarchie von Ebenen ist erforderlich, um zu erklären, warum die Geschichte eine Richtung hat.« (Hobsbawm 1998: 199)

[21] So rekurriert auch D. Nohlen in seiner teilweise differenzierten Analyse der argentinischen Krise letztlich auf Faktoren, die die Dimensionen von Herrschaft, Macht und Klassengegensätzen völlig ausblenden und letztlich das »mangelnde gegenseitige Vertrauen der Argentinier« und die abwesende »Gemeinwohlorientierung« als ausschlaggebend und entscheidend apostrophieren. Als ob die Sozialwissenschaften seit Machiavellis Zeiten stehen geblieben seien, behauptet er resümierend: »Im Zuge dieses Niedergangs erlebte Argentinien das, was bereits Machiavelli bei politischem Verfall beobachtet hatte: die schlechten, gemeinwohldestruktiven Eigenschaften des Menschen treten immer mehr in den Vordergrund: Privilegien, Eigensucht, Augenblicksdenken unterminierten das allgemeine Wohl und die Wohlstandsentwicklung.« (Nohlen 2004: 90)

Die Krise und ihre verschiedenen Erklärungsvarianten 45

alismus und dem Kult von politischen Führern, die vertikale und horizontale Kontrollen extrem erschweren, manifestiert. Dies alles spielt zweifellos eine wichtige Rolle, aber man wird bei diesen und anderen Argumenten immer fragen müssen, warum sich diese Elemente beispielsweise in der Zeit von 1989 bis 1995, als sie auch schon präsent waren, nicht zu so verhängnisvollen krisenhaften Prozessen verdichtet haben, wie das dann spätestens seit 2001 der Fall war.

Zweifellos haben die autoritäre und »informelle« Politik sowie der Politikstil von Carlos Menem die Möglichkeiten der Kontrolle und der Rechenschaftslegung außerordentlich erschwert (Tedesco 2002); diese mangelnde Transparenz und Kontrollmöglichkeit haben sicherlich die ökonomischen Krisenelemente zugespitzt. Aber ohne die neoliberale Restrukturierung der Ökonomie wären diese Krisenmomente in ihrer spezifischen Konfiguration überhaupt nicht entstanden.

Zu Recht betont Carranza, dass die politischen Krisenerklärungen vor allem zwei wichtige Beschränkungen enthalten: »Erstens hinterfragen sie nicht die Ratsamkeit der markt-orientierten ökonomischen Reformen, indem sie annehmen, sie seien gut an sich und unvermeidbar ... Der zweite Mangel der politischen Erklärung besteht darin, dass sie die internationalen Dimensionen der argentinischen Krise zu ignorieren pflegen.« (Carranza 2005: 74).

Letzteres bezieht sich vor allem auf die bedeutungsvolle Rolle des IWF und der US-Behörden, die den neoliberalen Kurs fast über zehn Jahre hinweg propagiert und mit Hilfskreditpaketen außerordentlich unterstützten; bis dann Anfang Dezember 2001 weitere Kreditauszahlungen an die argentinische Regierung eingestellt wurden und dadurch die definitive Krise ausgelöst wurde.

Auch das riskante Verhalten der internationalen Gläubiger, einem Land mit so schlechten realökonomischen Indikatoren durch den Kauf hochrentabler Staatspapiere indirekt unter die Arme zu greifen und damit den Krisenprozess immer wieder zu verlängern, wird in vielen Erklärungsvarianten völlig ausgeblendet.

Aber auch die Krisenanalysen, die sich auf ökonomische Faktoren konzentrieren, weisen oft Schwächen und Unstimmigkeiten auf. So wird z.B. gelegentlich von neoklassischen Autoren als Hauptgrund die Art und Weise der (inkonsequenten) Implementierung der neoliberalen Reformen genannt. Verwiesen wird dabei u.a. auf die angeblich zu lockere Haushaltspolitik, die ständige Defizite hervorgebracht habe, die eigenständige und ausgabenfrohe Verhaltensweise der Provinzregierungen und auf die staatliche Behinderung der Exporte. Die neoliberale Politik ist aber in kaum einem anderen Land so rigoros, schnell und umfassend durchgeführt worden wie in Argentinien. Nicht zuletzt deshalb galt es auch als Musterland, das bis zuletzt vom IWF massiv unterstützt wurde.

Von einer lockeren Haushaltspolitik kann nicht die Rede sein: Ohne die Schuldendienstzahlungen hätte es fast immer einen (primären) Haushaltsüberschuss gegeben (Boris 2002: 13). Die auf Drängen der Weltbank privatisierte Sozialversicherung war allerdings eine potentiell wichtige Quelle für einen unausgeglichenen Staatshaushalt (vgl. die Tab. 5 bei Chudnovsky u.a. 2003: 72).

Die Provinzen konnten weitgehend eine selbstständige Politik betreiben und waren somit für die Bonität der Zentralregierung keineswegs verantwortlich. Die Schwächung der Exporte (und Begünstigung der Importe), die zu einer fast ständigen Schieflage der Handelsbilanz führte, war vor allem Ergebnis des Currency Board-Regimes. Auch die isolierte Kritik an dieser währungspolitischen Festlegung, so zutreffend sie sein mag, übersieht deren Stellenwert im gesamten neoliberalen Politikprojekt: ohne Geldwertstabilität keine Attraktion der Finanz- und sonstigen Investoren. Die Unternehmen und Teile der Mittelklassen konnten so günstige Dollarkredite aufnehmen, zu relativ niedrigen Kosten Waren importieren, Auslandsreisen durchführen usw. Dies waren wichtige Legitimations- und Attraktionspunkte des neoliberalen Modells.

Eine davon abstrahierende Kritik am Währungsregime als isolierter »Technik« verfehlt genau den hohen Stellenwert dieses Währungsregimes für die Implementierung und ideologische Absicherung der gesamten wirtschaftspolitischen Linie der Menem- und später de la Rúa-Regierung.

»Die Ursachen der argentinischen Krise waren heimischer wie internationaler Natur, aber die einheimische Politik war außerordentlich stark geprägt durch externe Schocks und die ideologische Hegemonie des Konsensus von Washington, der zur Implementierung einer ökonomischen Pro-Globalisierungspolitik führte. Der Triumph neoliberaler ökonomischer Ideen ist der Hauptschuldige; ohne den blinden Glauben der argentinischen kulturellen und politischen Eliten an den Globalisierungs-Fundamentalismus hätte die argentinische Tragödie nicht entstehen können. Die Krise war nicht nur durch korrupte Regierungen und schlechte Politiker hervorgebracht worden, sondern auch durch den Mythos der Souveränität des Marktes, der weitgehend durch die heimische Anti-Abwertungskoalition von 1991 akzeptiert worden war und der die ungezügelte Umsetzung der neoliberalen Reformen in den 1990er Jahren legitimierte.« (Carranza 2005: 78)[22]

---

[22] Als typisch vernebelnde Krisenerklärung, die letztlich im politischen System die Hauptverursachung wahrnimmt und damit die ökonomische und gesellschaftspolitische neoliberale Orientierung ausklammert bzw. geflissentlich übersieht, mithin legitimiert, kann folgendes Resümee des Internationalen Seminars der Friedrich-Ebert-Stiftung, deren Ergebnisse Christian von Haldenwang zusammengefasst hat, gelten: »Argentinien wird heute oft als (ehemaliger) Musterschüler des Internationalen Währungsfonds (IWF) dargestellt, der an den neoliberalen Rezepten des ›Washington Consensus‹ gescheitert ist. Damit ist der argentinische Entwicklungsweg der vergangenen zwei Jahrzehnte jedoch nicht zutreffend charakterisiert. Kennzeichnend für das Land war vielmehr das Unvermögen, *irgendein* kohärentes Entwicklungsprogramm aufzulegen und vor allem zu implementieren. Das chaotische Nebeneinander von Marktsteuerung und staatlicher Intervention, von Deregulierung und politischer Blockade, von Verschwendung und Austerität hat seine Ursachen im politischen System.« (Haldenwang 2002: 5).

3. Krisenmanagement und die Abkehr vom Neoliberalismus

Die Regierung Duhalde (Januar 2002 bis Mai 2003)

Die Not- und Übergangsregierung Duhalde[23] versuchte, den weiteren Zerfall des gesellschaftlichen Zusammenhalts und den rapiden Niedergang der Ökonomie zu bremsen. Gleichzeitig hatte sie dies durch Vermittlung und partiellen Ausgleich entgegengesetzter Interessen zu bewerkstelligen: der Interessen ausländischer Finanzinstitutionen/Banken einerseits und der inländischen Wirtschaftsakteure (Unternehmer, Konsumenten, Arbeitnehmer) andererseits; der Gläubiger und der Schuldner, die durch die nun erfolgende »Pesifizierung«, d.h. die Umstellung aller Dollarguthaben oder -schulden auf Pesos, unterschiedlich betroffen waren. Desweiteren ging es um einen Ausgleich zwischen Beschäftigten und Erwerbslosen, zwischen kleinen und großen Unternehmen, zwischen zentralen Provinzen und weit entlegenen Landstrichen etc. Durch die Vertiefung der Krise während der ersten Hälfte des Jahres 2002 kam es zu weiteren Zusammenbrüchen von Unternehmen und Banken, einem bedeutenden Rückgang der Kaufkraft und zu einer Absenkung des BIP im Jahre 2002 um 11%. Begleitet war dieser tiefe Krisenprozess von einem Anstieg der offenen Arbeitslosigkeit auf ca. 23% und der Armutsquote auf über 50%. Gleichzeitig erzeugten diese Umstände ein bis dahin in Argentinien nicht gekanntes soziales Klima äußerster Erregung und Mobilisierung, der Partizipation und Mitsprache auf allen Ebenen. Die Aktivitäten der Duhalde-Regierung mussten so gleichzeitig an vielen Fronten stattfinden. Die ökonomische Situation erzwang dabei eine Prioritätensetzung und eine Konzentration auf den sozialpolitischen Bereich.

Schon in den letzten Dezembertagen 2001 erfolgte die Zahlungseinstellung (»default«) Argentiniens gegenüber privaten ausländischen Gläubigern. Alle Zins- und Tilgungsraten an die privaten Gläubiger wurden ausgesetzt – die an die multilateralen Finanzinstitutionen wie Weltbank und IWF und

---

[23] Vgl. hierzu die exzellente Studie von J. Godio 2003.

Interamerikanische Entwicklungsbank liefen weiter. Die kontrollierte Freigabe des Wechselkurses führte zur Abwertung des Peso zunächst in relativ geringem Umfang. Die Umstellung von Dollarguthaben und -schulden auf Pesos geschah differenziert: Die Schulden wurden 1:1 umgestellt, während die Gläubiger bzw. Geldanleger mit einer Relation von 1:1,4 vergleichsweise schlechter gestellt wurden. Die zweite strategische Maßnahme, die sofort ergriffen wurde, war die allmähliche Aufhebung der Sperrung des Zugangs zu den Bankkonten (»corralito«). Dies geschah in dem Maße, wie sich das Risiko eines Liquiditätsmangels im Finanzsystem verringerte. Dennoch bleibt das Bankensystem bis heute extrem geschwächt und ist weit von einer Normalisierung des Kreditgeschäfts entfernt.

Ein zentrales Feld des Regierunghandelns waren die Verhandlungen mit dem IWF über neue Kredite und Umschuldungen fälliger Tilgungen. Die meisten Forderungen des IWF, wie z.B. Haushaltsdisziplin und -überschuss in der Höhe von 3,5% des BIP, neue Verteilung der Steuereinnahmen zwischen Bund und Provinzen, Aufhebung des »Gesetzes gegen ökonomische Subversion« (von 1974, durch das illegale Kapitaltransfers bestraft werden konnten), wurden im Laufe des Jahres 2002 von der Regierung Duhalde erfüllt. Aber in der Frage der völligen Freigabe des Wechselkurses und der Zustimmung zu Preiserhöhungen im Bereich »öffentlicher Dienstleistungen« unter ausländischer Kapitalkontrolle sowie bezüglich einer raschen und den privaten Gläubigern entgegenkommenden Einigung im Streit um fällige Verpflichtungen der argentinischen Regierung blieb Duhalde mehr oder minder hart. Deshalb kam es erst im Dezember 2002 bzw. Januar 2003 zu einem »vorläufigen Abkommen« mit dem IWF, das die fälligen Schuldendienstzahlungen an multilaterale Banken für acht Monate aufschob.

In der zweiten Hälfte des Jahres 2002 setzte in einigen Teilbereichen der argentinischen Wirtschaft eine Erholung ein. Nicht zuletzt wegen der – inzwischen – hohen Abwertung des Peso (um ca. 70%) und dem entsprechend gestiegenen Preisniveau für Importe konnte die inländische Produktion von bestimmten Produkten des täglichen Gebrauchs relativ schnell wieder angekurbelt werden. Das von vielen Ökonomen befürchtete Abgleiten in eine abermalige Hyperinflation blieb aus und auf das gesamte Jahr gesehen belief sich die Inflationsrate – mit fallender Tendenz – auf »nur« 40%. Schon bald konnten Handelsbilanzüberschüsse erzielt und wieder Währungsreserven angelegt werden.

Das Ausmaß der Armut erreichte Dimensionen, wie sie zuvor für unmöglich gehalten worden waren. Allein zwischen Oktober 2001 und Juni

2002 schwoll die Zahl der Argentinier, die an oder unter der Armutsgrenze leben, um weitere fünf Millionen an. Ende 2002 wurden insgesamt ca. 20 Millionen Arme und fünf Millionen extrem Arme gezählt. Damit mussten nach offiziellen statistischen Angaben ca. 57% der Bevölkerung als »arm« eingestuft werden! Die Rate der offenen Arbeitslosigkeit lag im November 2002 bei 21%; zählt man die partielle und nicht sichtbare Unter-Beschäftigung hinzu, kommt man auf eine Rate von fast 30%.

Bald zeigten sich dann auch neue Erscheinungen dieser Massenarmut. Zum Beispiel kamen Tausende von Arbeitern und arme Familien (die so genannten Cartoneros) jeden Abend in die großen Städte gefahren, um die Mülleimer nach brauchbarem Material, vor allem Papier und Kartonresten, zu durchstöbern.[24] Es wird geschätzt, dass damals allein in der Stadt Buenos Aires ca. 100.000 Cartoneros im Einsatz waren.

Die wichtigste Aktivität der Regierung Duhalde bestand in direkten und indirekten sozialpolitischen Maßnahmen, um diese sozialen Folgen der großen Krise abzumildern. Dazu gehörte die asymmetrischen Pesifizierung, die in erster Linie den verschuldeten Mittelschichten eine gewisse Erleichterung verschaffte. Weiter wurde den über zwei Millionen Haushalten von Arbeitslosen ca. 150 Pesos monatlich zum Überleben zugesprochen (Fejoo 2003: 124).

Noch wichtiger war das Einfrieren der Tarife für Basisdienstleistungen und öffentliche Güter (Wasser, Elektrizität, Gas, Telefongebühren, Metro-, Bus- und Eisenbahnfahrten etc.), die für die Lebenslage der Unter- und Mittelschichten von besonderer Bedeutung sind. Durch diese Maßnahme wurden den in diesen Bereichen aktiven nationalen und internationalen Unternehmen die Gewinnmöglichkeiten deutlich beschnitten.

Die Regierung Duhalde war mit starken sozialen Bewegungen [Gewerkschaften, der Arbeitslosenbewegung (den »Piqueteros«), den Stadtteilversammlungen (»Asambleas barriales«), der »Bewegung besetzter Betriebe«] konfrontiert; eine gesellschaftlich relevante, gar parteipolitisch organisierte Linke existierte nach wie vor nicht. Die Ordnungskräfte hielten sich in den ersten Monaten nach der »rebelión popular« zurück; erst allmählich schlüpften die Repressionskräfte wieder in ihre alte Rolle. Die kaltblütige Ermordung zweier Piqueteros am 26. Juni 2002 stellte in dieser Hinsicht einen

---

[24] Während der Krise verteuerte sich insbesondere Papier, was zu einer Situation der Rentabilität der Wiederverarbeitung führte.

neuen Höhepunkt dar und führte dazu, dass Duhalde die Wahlen vorverlegte und seine Übergangsregierung bis auf Mitte Mai 2003 terminierte.[25]

Die Regierung Kirchner (Mai 2003 bis Mai 2006)

Die Vorwahlperiode und der Kontext der Wahlen war, wie angedeutet, einerseits durch große Unsicherheit (über die Kandidatenaufstellung, die Wahlmodalitäten etc.) und andererseits durch eine starke Zersplitterung der Parteienlandschaft wegen der Vielzahl an Neugründungen und internen Fraktionierungen der alten Parteien gekennzeichnet.

In der ersten Runde der Wahlen erreichte Expräsident Menem mit 24,5% den ersten und Néstor Kirchner, der von Duhalde favorisierte Kandidat, mit 22,4% den zweiten Platz.[26] Da alle Meinungsumfragen für den zweiten Wahlgang einen sehr hohen Sieg Kirchners über Menem voraussagten, trat Menem in letzter Sekunde zurück. Dies hatte zur Folge, dass der mit nur 22% gewählte und als Zweitplatzierter aus dem ersten Wahlgang hervorgegangene Kirchner seine Präsidentschaft mit dem Makel eines starken Legitimationsdefizits antreten musste.

Eine weitere Überraschung war die unerwartet hohe Wahlbeteiligung von fast 80%. Im Oktober 2001, der letzten nationalen Parlamentswahl vor der großen Krise, betrug die faktische Wahlbeteiligung (= Zahl der Wahlberechtigten, die eine gültige Stimme abgaben) ca. 60%. 20% der Wahlbe-

---

[25] Neben diesem – immer wieder genannten – Grund war wahrscheinlich auch die Erwägung wichtig, dass Menem, der »Erzfeind« Duhaldes, umso größere Chancen bei einer eventuellen Wiederwahl haben würde, je weiter entfernt der Termin vom Tiefpunkt der Krise und dem angeschlagenen Image Menems liegen würde.

[26] Die eigentliche Überraschung – neben den knapp 25% für Menem – bildete der günstige Wahlausgang für López Murphy, der als rechter ehemaliger UCR-Repräsentant und kurzzeitiger Wirtschaftsminister im Kabinett de la Rua ein strikter Neoliberaler ist und mit 16,4% der Stimmen den 3. Platz belegte. Zählt man seine und die Stimmen Menems zusammen, so gelangt man zu dem überraschenden Resultat, dass eineinhalb Jahre nach dem durch die neoliberale Politik verursachten Desaster dennoch über 40% der Argentinier für diese Politikorientierung stimmten. Auf Platz 4 und 5 gewannen fast gleichauf mit 14% der Stimmen der altperonistische Kandidat Rodriguez Saá aus der Provinz San Luis, der das zweifelhafte Vergnügen hatte, den Default zu verkünden und einige Tage Präsident war, und Elena Carrió, eine »linke« Abweichlerin von der UCR, die ebenfalls 14% der Stimmen erhielt. Der Kandidat der Traditionspartei UCR, die in »normalen Zeiten« ca. 30% der Stimmen auf sich vereinigte, landete völlig abgeschlagen auf Platz 6 mit bloß 3,2% der Stimmen (Gratius 2003).

rechtigten gingen nicht zur Wahl und 20% machten ihre Stimme ungültig. Nach dem häufig wiederholten Slogan auf dem Höhepunkt der Krise (»que se vayan todos« = alle [Politiker] sollen abhauen) zu urteilen, war zu erwarten, dass die Bereitschaft der Argentinier, sich an der Wahl abgewirtschafteter Politiker und Parteien zu beteiligen, noch weiter sinken würde. Das war nicht der Fall. Vermutlich sind zum einen die letztlich unpolitischen und emotionalen Implikationen des genannten Slogans mit fortschreitendem Abstand zum Höhepunkt der Krise deutlicher wahrgenommen worden; und zum anderen hatten sich im politischen Feld auch keine neuen Alternativen herauskristallisiert, sodass viele vermutlich mit der Option, dem »kleineren Übel« eine Chance zu geben, an der Wahl teilgenommen haben.[27]

Entgegen allen vorschnellen Urteilen über den neuen Präsidenten (»Strohmann Duhaldes« [Gratius], »schwacher« und »farbloser« Präsident etc.) hat Néstor Kirchner schon in seiner Antrittsrede einen scharfen Bruch nicht nur mit dem Neoliberalismus, sondern auch mit vielen anderen argentinischen Traditionen angekündigt. Und er hat es nicht bei den Ankündigungen belassen. In kurzer Zeit handelte Kirchner auf verschiedenen Politikfeldern sehr schnell und entschieden, sodass in Argentinien schon bald von einem »efecto« oder »estilo K« die Rede war. Dies war eher erstaunen und bewundernd gemeint, denn schon zum Jahresende 2003 konnte sich der neue Präsident in allen Befragungen über eine Zustimmungsquote von über 70% freuen.

Der als langsam oder langweilig geltende bisherige Gouverneur der bevölkerungsarmen, aber relativ reichen patagonischen Provinz Santa Cruz entfernte in den ersten Amtswochen etwa zwei Dutzend führende Offiziere, die durch Menschenrechtsverletzungen während der Militärdiktatur kompromittiert waren, aus dem aktiven Dienst. In der Spitze der Bundespolizei kam es zu einer Reihe von Personalwechseln und auch in anderen öffentlichen Institutionen wurde interveniert, z.B. bei der Sozialversicherungsanstalt, die als notorisch korrupt gilt. Gegenüber der Justiz, vor allem dem Obersten Gerichtshof, der überwiegend durch Menem-treue Richter besetzt war, wurde eine härtere Gangart eingeschlagen und Kirchner begann, über den Kongress auf eine Neubesetzung des Obersten Gerichtshofs hinzuwir-

---

[27] Im Übrigen scheint das »que se vayan todos« sich allein auf nichtperonistische Parteien und nicht so sehr auf die peronistischen klientelistischen Basisnetzwerke und die provinziellen und lokalen Parteimaschinen bezogen zu haben (Levitsky/Murillo 2003: 160ff.).

ken. Der Empfang von Vertreterinnen der Mütter der Plaza de Mayo und ein Treffen mit Piquetero-Führern waren symbolische Akte, die man bisher in der Casa Rosada, dem Regierungssitz des Präsidenten, nicht gewohnt war. Auch im außenpolitischen Bereich waren neue Akzente zu vernehmen. Die gewohnheitsmäßige Verurteilung Kubas wegen Menschenrechtsverletzungen in internationalen und lateinamerikanischen Gremien hörte auf, der MERCOSUR als regionales politisches und wirtschaftliches Bündnis sollte eine vorrangige Bedeutung in der Außenpolitik erhalten. Gegenüber den Forderungen des IWF und den ausländischen Gläubigern, die nach Auffassung des neuen Präsidenten teilweise selbst das Verschuldungsdilemma heraufbeschworen hatten, wurde alsbald eine härtere Haltung vertreten.

IWF/Gläubiger

In der Tat wies das mit dem IWF im September 2003 abgeschlossene Umschuldungsabkommen neue, zum Teil überraschende Momente auf, was von Teilen der internationalen Wirtschaftspresse – vielleicht überzogen – als »Sieg Kirchners über den IWF« gedeutet wurde (vgl. Boris 2003). Das neue Abkommen sah vor, dass in den folgenden drei Jahren fällige Kapitalrückzahlungen von über 21 Mrd. Dollar refinanziert werden sollten, wovon 12,5 Mrd. Dollar auf den IWF, 5,5 Mrd. auf die Weltbank und die Interamerikanische Entwicklungsbank sowie 3 Mrd. auf den Pariser Club entfallen. Argentinien hatte lediglich Zinszahlungen in Höhe von 2,1 Mrd. Dollar zu leisten. Entscheidend war aber, dass die argentinische Regierung sich verpflichtete, für das Jahr 2003 einen primären Haushaltsüberschuss von 3% des BIP zu erzielen, woraus dann die Schuldendienstverpflichtungen gezahlt werden sollten. Der Forderung des IWF nach einem höheren Haushaltsüberschuss – häufig mit dem Hinweis auf Brasilien vorgebracht – verweigerte sich Argentinien. Das IWF konnte sich auch mit seiner Forderung nach Festlegung des Anstiegs der Haushaltsüberschüsse für 2004 und 2005 nicht durchsetzen. Stattdessen wurde die Höhe des Überschusses abhängig gemacht vom Wirtschaftswachstum, der Arbeitslosigkeit und der Entwicklung der Armutsquote. Bezogen auf die weiteren Forderungen des IWF nach einer Teilprivatisierung der Staatsbanken und von Kompensationszahlungen an private Geschäftsbanken für Verluste im Gefolge der asymmetrischen Umwandlung von Dollar-Einlagen und -Krediten in Peso (Pesifizierung) blieben die argentinischen Zusagen vage und unverbindlich. Hinsichtlich der Anhebung der seit 2002 eingefrorenen Tarife der privaten (überwiegend ausländischen) Betreiber öffentlicher Dienstleistungen (Elektrizität, Telefon, Wasser etc.), hat sich die argentinische Regierung insofern durchgesetzt, als sie auf spätere Neuverhandlungen im Rahmen eines Gesetzesprojektes, das 2004/05 eingebracht werden sollte, verwies.

Auch in den anderen, stets neuralgischen Verhandlungspunkten wie der Reform des Steuersystems, der besseren Abgrenzung des Finanzgebarens zwischen der Bundeszentrale und den Provinzen etc. blieb es im Wesentlichen bei mehr oder minder vagen Absichtserklärungen seitens der argentinischen Regierung. Sie verpflichtete sich lediglich, die einen Tag überfälligen 2,9 Mrd. US-$ an Tilgungs- und Zinszahlungen für den IWF nachzuzahlen und im Kontext der alljährlichen IWF/Weltbank-Jahrestagung im September in Dubai einen Plan zur Befriedigung der gestreuten Gläubigerinteressen vorzulegen. Der am 22. September in Dubai präsentierte Restrukturierungsplan der argentinischen Regierung bezog sich auf mittlerweile ca. 100 Mrd. US-$ Schulden gegenüber privaten Gläubigern im Ausland, aber auch im Inland. Der Kreis der Gläubiger reicht von Tausenden kleinen Anleihebesitzern bis hin zu großen institutionellen Anlegern. Die argentinische Regierung mutete dabei den Gläubigern den Verzicht auf ca. 80% ihrer Forderungen zu. Mit der im Januar gestarteten und Ende Februar 2005 beendeten Umschuldungsaktion zeigte sich dann, dass sich Kirchner mit seiner harten Verhandlungsstrategie gegenüber den privaten Gläubigern durchgesetzt hatte. Trotz großen Murrens wurden – z.T. vermittelt über Investmentbanken – 76% der Schuldentitel in neue Papiere umgetauscht, und Argentinien reduzierte damit seinen Schuldenstand um ca. 62 Mrd. US-$ – von ca. 180 Mrd. auf etwa 125 Mrd. US-$ –, also um ein Drittel (vgl. Weltwirtschaft & Entwicklung, Nr. 3, 2005).

Bis heute gibt es immer wieder heftige Auseinandersetzungen zwischen der argentinischen Regierung einerseits und den ausländischen Gläubigern und dem IWF andererseits. Auch in den Anfang November 2004 vorgelegten endgültigen Umschuldungsvorschlägen gegenüber den privaten Gläubigern wurden keine wesentlichen neuen Zugeständnisse gemacht (vgl. FAZ v. 4. Nov. 2004). – Im Laufe des Jahres 2004, vor allem nachdem der neue geschäftsführende Direktor des IWF, de Rato, sein Amt angetreten hatte, wurde die argentinische Regierung immer wieder eindringlich ermahnt, den Haushaltsüberschuss und damit die Rückzahlungsquote deutlich zu erhöhen. Aber auch hier blieb die Regierung Kirchner hart und verwies darauf, dass schon der Überschuss von 3% des BIP für Argentinien ein großes Opfer darstellt, weil so die Armut im Land nicht ausreichend und schnell genug bekämpft werden könne. Diese Haltung der Regierung Kirchner genießt in Argentinien relativ breite Zustimmung.

Kritisch äußert sich hierzu die Gruppe »Economistas de Izquierda« (Linke Ökonomen): »Nach den Ereignissen vom Dezember 2001 wagten es die Regierungsvertreter nicht, offen zu erklären, dass die Schuld mit dem ›Hunger der Bevölkerung‹ bezahlt werden würde, obwohl sie im Stillen massive Opfer auferlegten... Während 3% des BIP ein beträchtlicher Betrag ist, der ausreichen würde, die Masseneinkommen und die Beschäftigung wieder herzustellen sowie die grundlegenden sozialen Bedürfnisse zu befriedigen, wird dieser Überschuss von jenen als zu klein und ungewiss angesehen, die ihn sich aneignen. Das explizite Elend, das von den orthodoxen neoliberalen Ökonomen empfohlen wird, und das verdeckte Elend, das von den heterodoxen [Ökonomen] vorangetrieben wird, sind zwei Varianten der antipopulären Politik. Die wirkliche Alternative besteht darin, den gesamten Haushaltsüberschuss für die dringendsten Bedürfnisse der Bevölkerung einzusetzen« (Economistas de Izquierda 2004: 17).

Auch nach der unkonventionellen Schuldenreduktion der Regierung Kirchner bleibt das Land mit ca. 125 Mrd. US-$ weiter hoch verschuldet und musste im Laufe des Jahres 2005 mit ca. 9 Mrd. US-$ Schuldendienst eine Summe transferieren, die doppelt so hoch lag wie im Haushalt vorgesehen. Trotz dieser hohen laufenden Schuldendienstbelastungen entschloss sich die Regierung aus politischen und ökonomischen Gründen, die bis 2009 laufenden Überbrückungskredite des IWF in Höhe von 9,8 Mrd. US-$ vorzeitig zurückzuzahlen (FAZ v. 17.12.05). Damit konnte nicht nur eine Mrd. US-$ Zinsen eingespart, sondern auch eine größere Unabhängigkeit in der Wirtschaftspolitik (zurück-)gewonnen werden. Diese mit Brasilien, das fast gleichzeitig einen ähnlichen Schritt vollzog, abgestimmte Handlungsweise traf zwar in Argentinien auf große Zustimmung, wurde aber in der internationalen Finanzwelt mit Renditenaufschlägen für Anleihen beantwortet und als Anzeichen eines Rückfalls in die wirtschaftspolitische »Unseriosität« gewertet (Financial Times Deutschland v. 20.12.2005).

Auch innerhalb der argentinischen Linken kam nicht nur Freude über diesen Schritt auf. Zum Beispiel kritisierte der »Chef-Ökonom« des linken Gewerkschaftsdachverbandes CTA, Claudio Lozano, dass damit die Schulden beim IWF als legitim anerkannt und die Rückzahlungen zu Lasten sozialpolitischer Ausgaben gehen würden (Junge Welt v. 23.12.2005). Bemerkenswert ist, dass die Regierung Kirchner die vorzeitige Rückzahlung nicht nur aus den auf fast 30 Mrd. US-$ sich belaufenden Devisenreserven bestritt, sondern auch durch Neuemissionen von Anleihen bzw. den Ankauf alter Staatspapiere, z.b. seitens der venezolanischen Regierung in Höhe von 1 Mrd. US-$, zu diesem Schritt ermutigt wurde. Es sollte bei der Bewertung dieser Maßnahme nicht vergessen werden, dass sie die harte Haltung der Regierung Argentiniens gegenüber den Forderungen der privaten Gläubiger gestützt hat, die im IWF den mächtigsten Garanten ihrer Interessen sehen. Mit der »Auszahlung« des IWF und dem Verzicht auf weitere Überbrückungskredite vom IWF ist das Droh- und Erpressungspotential dieser internationalen Finanzinstitution erheblich gesunken.

Wirtschaftspolitik und wirtschaftliche Entwicklung

Die Wirtschaftspolitik der Regierung Kirchner weist viele Kontinuitäten zu der von Duhalde auf, was nicht zuletzt durch die personelle Einheit Wirtschaftsministers, Roberto Lavagna, unterstrichen wird.[28] Die geringen Handlungsspielräume wurden deutlicher als unter Duhalde zu einer Wachstumspolitik und Stärkung des Binnenmarktes genutzt. Entgegen den pessimistischen Voraussagen konnte das hohe Wirtschaftswachstum des BIP (2003: 8,8 und 2004: 9,0 Prozent) auch im Jahr 2005 aufrechterhalten werden. Die für 2006 vorausgesagte Wachstumsabschwächung wird aller Voraussicht nach nicht eintreten, da die Zahlen der beiden ersten Quartale dieses Jahres ein BIP-Wachstum von 8-9% erwarten lassen.

Die Außenpositionen Argentiniens haben sich im Laufe des Jahres 2003 und teilweise – etwas abgeschwächt – noch im Jahre 2004 verbessert, weil sich die Handelsbilanz- und Leistungsbilanzüberschüsse bei ca. 15 Mrd. bzw. sieben Mrd. US-$ stabilisierten. Dies ist bemerkenswert, da die Importe mit dem starken Wirtschaftswachstum 2003 und 2004 erwartungsgemäß um 54% anstiegen. Die Zunahme der Exporte im Laufe des Jahres 2004 um 14% war zu zwei Dritteln auf Preissteigerungen für Agrargüter und Erdöl zurückzuführen (Dresdner Bank, Perspektiven Lateinamerikas, März 2004: 9 u. 12). Der Wechselkurs des Peso geriet unterdessen immer

---

[28] Ende November 2005 trat Lavagna wegen Auseinandersetzungen mit anderen Ministern zurück und wurde durch die peronistische Ökonomin Felisa Miceli ersetzt. Ein Kurswechsel in der Wirtschaftspolitik war damit bislang nicht verbunden (El País v. 29.11.05).

wieder unter Aufwertungsdruck und stabilisierte sich bei einem Verhältnis von einem US-$ zu ca. drei Pesos, was vor allem durch massive Dollarkäufe der Zentralbank gesichert wurde. Die Währungsreserven konnten entsprechend aufgestockt werden.

Für die interne Entwicklung relevante Maßnahmen der Kirchner-Regierung sind zum einen die sofortige Erhöhung der Monatslöhne um 50 Pesos (gleichzeitig wurden Mindestlöhne und Pensionen angehoben)[29] sowie die Stabilisierung der Tarife für öffentliche Dienstleistungen. Auch hier machte die Kirchner-Regierung nur ein leichtes Zugeständnis an den IWF, insofern als die seit Anfang 2002 eingefrorenen Tarife privatisierter Versorgungsunternehmen, vor allem die Strom- und Gaspreise, Anfang Februar 2004 für kommerzielle Großabnehmer, also vor allem für die Industrie, um 15-20% erhöht wurden. Die Masse der Kleinabnehmer und Konsumenten kann sich weiter der relativ niedrigen Tarife erfreuen. Dies ist auch nötig angesichts der Tatsache, dass die Reallöhne im Jahr 2005 im Durchschnitt immer noch ca. 40% unter dem Vorkrisenniveau lagen.

Zur Stabilisierung und Erweiterung des Binnenmarktes kündigte Präsident Kirchner schon in seiner Antrittsrede für die ersten zwölf Monate seiner Amtszeit ein Ausgabenprogramm im Umfang von 8 Mrd. Pesos (ca. 2,5 Mrd. €) an, vor allem für den Wohnungsbau und Infrastrukturprojekte. Für das Folgejahr war sogar eine Aufstockung des Programmvolumens auf 21 Mrd. Pesos (ca. 6 Mrd. €) vorgesehen. Im Kern sollen diese Programme durch verstärkte Bekämpfung der Steuerhinterziehung, durch die schon existierende Exportsteuer und die anlaufende Konjunktur, bei der dann auch höhere indirekte Steuern anfallen, finanziert werden.

Dieses Wiederaufbauprogramm enthält nicht nur konjunkturpolitische, sondern auch beschäftigungs- und regionalpolitische Aspekte. Der große für die Rekonstruktion des Eisenbahnwesens (in der Menem-Ära der 1990er Jahre war es größtenteils privatisiert, stark verkleinert oder stillgelegt worden) vorgesehene Posten hätte nicht nur stimulierende Wirkung für viele Zulieferzweige, sondern – da die Eisenbahn nur relativ beschäftigungsintensiv funktioniert – auch erhebliche Wirkungen für den Arbeitsmarkt. Die schlechte und/oder teuere Anbindung weit entfernter Provinzen im Nordwesten oder Südwesten des Landes würde durch einen Wiederaufbau ver-

---

[29] Mitte 2005 wurden die Minimallöhne – nicht zuletzt infolge des angestiegenen Preisniveaus – von 480 auf 630 Pesos (von 137 auf 180 €) angehoben (Le Monde v. 14.6.2005).

bessert und damit die Voraussetzung für die Minderung regionaler Wohlstandsniveauunterschiede (die sich im neoliberalen Kontext vergrößert hatten) geschaffen (Müller 2005).

Generell wurde für viele in den 1990er Jahren privatisierte Bereiche entweder das staatliche Regelwerk revidiert und restriktiver konzipiert oder aber eine Wiederverstaatlichung in Angriff genommen. So wurde z.B. nach langen Konflikten mit dem französischen Wasser-Multi Suez im Mai 2006 die Rückverstaatlichung beschlossen. Vor dem Hintergrund der schlechten Wasserqualität, der Verteuerung der Dienste sowie ausbleibender Investitionen bringt dieser Schritt der Regierung Kirchner für die mehr als 11 Mio. Einwohner von Groß-Buenos Aires eine deutliche Verbesserung. Damit ist seit 2003 das vierte größere Unternehmen wieder in Staatsbesitz übergegangen.[30]

Hier kann nicht mehr als ein vorläufiges Zwischenresümee der ökonomischen Entwicklung gezogen werden. Die Rekonstruktion der durch eine engstirnige neoliberale Interessenpolitik zugrunde gerichteten Wirtschaft vollzieht sich langsam und widersprüchlich. Von den hohen BIP-Wachstumsraten darf man sich ebenso wenig blenden lassen wie von den bislang relativ niedrigen Inflationsraten (Jahresdurchschnitt 2003: 13,4%; 2004: 4,5%; 2005: 12,3%). Ende 2004 hat Argentinien erst das BIP-Niveau von 1997 wieder erreicht! (Dresdner Bank Lateinamerika, Perspektiven Update 11/2004, S. 4 u. 6)

Die hohen – wenn auch sich verkleinernden – Handels- und Leistungsbilanzüberschüsse und die entsprechende Aufstockung der Devisenreserven (Dresdner Bank, Perspektiven Lateinamerikas, März 2005: 7) müssen zu den »Aktivposten« der Bilanz gezählt, aber sie dürfen auch nicht überbewertet werden. Denn diese Resultate sind u.a. vor dem Hintergrund der spezifischen Außenkonstellation Argentiniens zu sehen und bewerten: nur partiell geleisteter Schuldendienst, kaum neue Kredite oder Direktinvestitionen von außen, aber relativ günstige Verhandlungsergebnisse mit dem IWF, die dem Land eine vorläufige Atempause verschaffen. Insofern wurden die engen Handlungsmöglichkeiten sowohl von Duhalde als auch von der Kirchner-Regierung nicht schlecht genutzt; immerhin wurde das Land vor chao-

---

[30] »Bereits 2003 war die Post verstaatlicht worden, 2004 folgte die Wiederverstaatlichung der mit der Rundfunkkontrolle beauftragten Behörde und die der Bahnstrecke San Martín, die Buenos Aires mit der Ortschaft Pilar verbindet.« (Lateinamerika Nachrichten Nr. 384, Juni 2006, S. 60f.)

Wirtschaftspolitik und wirtschaftliche Entwicklung

tischen Verhältnissen und einem weiteren Zerfall bewahrt und einige neue, gegen die bisherige Politik gerichtete Akzente gesetzt.

Mit dem partiellen Zahlungsmoratorium und der harten Politik gegenüber den Gläubigern, der Politik des billigen Pesos (die die nationale Industrie schützt) und dem ausgeglichenen Haushalt (bei hohen Ausgaben für Wohnungs-, Infrastruktur- und Sozialprogramme) hat die Regierung einen Normalisierungsprozess erreicht, den man in diesem Umfang kaum erwartet hatte. Dies spiegelt sich auch in der äußeren Wahrnehmung der Wirtschaftsentwicklung Argentiniens. »Trotz der harten Haltung gegenüber den Altgläubigern ist das Land auf dem internationalen Kapitalmarkt schon wieder salonfähig. Argentinische Aktien und Anleihen gehören zu den Rennern des Jahres.« (FAZ vom 22.8.2005) Diese Tendenz hat sich in der ersten Hälfte des Jahres 2006 weiter fortgesetzt. Argentinische Anleihen warfen allein im ersten Quartal einen Gesamtertrag von 17,6% aus Kursgewinnen und Kuponzahlungen ab. Dies ist ein Mehrfaches gegenüber den Durchschnittswerten in den übrigen Schwellenländern. Auch argentinische Aktien liegen mit einem Plus von 28% im Vergleich zum Vorjahreswert weltweit in der Spitzengruppe (FAZ v. 8.4.2006).[31]

Die nationale Industrie wuchs in den letzten drei Jahren um ca. 45% und die Binnenkonjunktur konnte spürbar angekurbelt werden. Die Lohnkämpfe nahmen seit Ende 2004 und im Laufe des Jahres 2005 deutlich zu: Während Teile der »formellen Arbeitnehmer« in der Privatwirtschaft ihren Reallohn fast auf das Vorkrisenniveau anheben konnten, liegen die Einkommen der im öffentlichen Sektor Beschäftigten und der meisten Arbeiter in kleinen Betrieben noch um ca. 30% darunter. Die Regierung Kirchner versuchte die Anfang 2005 sichtbar werdenden Anzeichen einer höheren Inflationsrate (Ende 2005: 12,3 Prozent) durch Boykottaufrufe gegen Preiserhöhungen bei multinationalen Unternehmen (namentlich »Shell«) und durch relativ harte Verhandlungspositionen gegenüber Lehrern, dem Krankenhauspersonal und anderen Angehörigen des öffentlichen Dienstes einzudämmen; dies ist der Regierung keineswegs immer gelungen, was im Rahmen der

---

[31] »Noch besser entwickeln sich ... die an das Wachstum des Bruttoinlandsprodukts (BIP) gebundenen Wertpapiere, die sogenannten BIP-Kupons. Diese ungewöhnlichen Titel hatte Argentinien bei der Umschuldung vor einem Jahr ausgegeben, um den Gläubigern eine Chance zur wenigstens teilweisen Kompensation ihrer hohen Kapital- und Zinsverluste aus der Schuldenrestrukturierung zu bieten... Seit Ende November hat sich der Kurswert dieser BIP-Kupons mehr als verdoppelt.« (FAZ v. 8.4.2006)

guten Konjunktur der Binnenmarktbelebung zugute kam. Andererseits sind zahlreiche Lohnerhöhungen in den Jahren 2005 und 2006 in der Höhe zwischen 20 und 40% (dem mehr oder minder kumulierten Inflationsausgleich der letzten zwei bis drei Jahre entsprechend) durch weitere Gratifikationen für die Gewerkschaften (Aktien im Eisenbahnsektor und Anstieg der Regierungsleistungen für die gewerkschaftlichen »Sozialdienste« des Gesundheitswesens) ergänzt worden (Economist v. 22.4.2006). Intensive Lohnkämpfe fanden vor allem im Transportsektor (insbesondere bei der Metro der Hauptstadt) und im industriellen Bereich, namentlich in der Automobilindustrie, statt. Bedeutsam war hierbei nicht nur die Anzahl und Breite der Konflikte, die sich seit 2003 vervielfachten, sondern auch deren häufig zu bemerkende Qualität. »Die neuen horizontalen Organisationsformen, die in der Bewegung von 2002 entstanden sind, wie Versammlungen, in denen offen diskutiert und entschieden wird, werden jetzt in den Betrieben und Behörden aufgegriffen.« (Wildcat, Nr. 74, Sommer 2005, S. 46)

Zu den deutlichsten Schwachpunkten des bisherigen Wirtschaftsverlaufs zählt die hohe soziale und ökonomische Polarisierung der Gesellschaft: Die Armutsquote scheint von 57% im Oktober 2002 auf ca. 34% im April 2006 gesunken zu sein; die offene und verdeckte Arbeitslosigkeit war zwar überwiegend rückläufig, bewegt sich aber – nach drei Jahren hoher Wachstumsraten – immer noch auf vergleichsweise hohem Niveau. »Zwei Fünftel der Einwohner des Landes gelten statistisch als arm, ein Sechstel als elend; die Arbeitslosenquote beträgt 15%, die Rate der Unterbeschäftigten 9%.« (NZZ vom 19.8.2005) Diese Indikatoren haben sich zum ersten Quartal des Jahres 2006 weiter leicht verbessert: Die Armutsquote ist auf ca. 35%, die der extrem Armen auf 12,2% gesunken. Die Arbeitslosenquote wird offiziell mit 10,1% ausgewiesen,[32] aber 40% der Erwerbstätigen sind in prekären Arbeitsverhältnissen, die keine normalen oder durchschnittlichen Lebensverhältnisse ermöglichen, beschäftigt (Le Monde v. 25.4.2006). Die soziale und infrastrukturelle Versorgung großer Teile der Bevölkerung bewegt sich nach wie vor auf einem extrem niedrigen Level.

Die größten Defizite der Wirtschaftspolitik liegen wohl in einer fehlenden systematischen Industriepolitik. Die Vorschläge der Intellektuellen-Gruppe von Ökonomen und Politologen (die mit dem »Plan Fénix« eine Vision von der Reindustrialisierung Argentiniens vorgelegt haben) sind bislang von der Regierung kaum aufgenommen, geschweige denn umgesetzt worden.

---

[32] Zählt man die »Sozialhilfe« (»Planes«)-Empfänger hinzu, kommt man auf ca. 15%.

Es ist bezeichnend, dass die Industriegüterexporte im Jahre 2003 nur mit 1% zum gesamten Exportwachstum beigetragen haben. Vergleichsweise hohe Angebotsflexibilität sowie günstige Preisverhältnisse von Agrargütern und Rohstoffen auf dem Weltmarkt sind in Kombination mit der Nichtzahlung von Schulden die entscheidenden Faktoren der günstigen Ergebnisse im Außenwirtschaftsbereich. Im Inneren haben die bessere Auslastung der Kapazitäten sowie die ansteigende Konsumnachfrage maßgeblich zu einer mittlerweile recht deutlichen Belebung der Binnenkonjunktur beigetragen. Zur mangelhaften Konzentration auf eine systematische Industrialisierungspolitik und die Förderung von kleinen und mittleren Unternehmen in diesem und anderen Bereichen[33] kommt offensichtlich auch ein Problem bei der Durchführung und Abwicklung bestimmter öffentlicher Projekte hinzu. Die angekündigten öffentlichen Programme sind bislang nur mühsam und verspätet umgesetzt worden, was außer auf Schwierigkeiten im Banken- und Finanzbereich auch auf den Mangel an geeignetem technischem und bürokratischem Personal in den öffentlichen Verwaltungen zurückzuführen ist, da dieses ja bekanntlich in der Ära Menem sehr stark ausgedünnt worden war.

Auch die Sozialpolitik, für die die Schwester des Präsidenten, Alicia Kirchner, als Ministerin bis vor kurzem verantwortlich war, ist insofern von einer gewissen Kontinuität gekennzeichnet, als das Sozialhilfeprogramm »planes jefes« und »planes trabajar« (jeweils 150 Pesos monatlich) auf mittlerweile 2,2 Mio. Haushalte ausgedehnt wurde, was immerhin einen gewissen Zuschuss für das Abdecken elementarer Lebensnotwendigkeiten darstellt. (Diese Art von »Sozialhilfe« hat es bis dato in Argentinien nicht gegeben.) Diese Programme werden zunehmend mit Umschulungs- und Beschäftigungsprojekten sowie der Förderung des Wohnungsbaus verknüpft, um so den EmpfängerInnen eine mittelfristige Perspektive zu bieten. Diese Programme, deren Fortexistenz sich nach Konjunktur und Arbeitsmarktentwicklung richtet, werden auch weiterhin durch Exportsteuern finanziert, die ursprünglich zeitlich limitiert sein sollten.

---

[33] Auch hier scheinen neuerdings recht positive Entwicklungen eingetreten zu sein. Auf einer Konferenz von argentinischen und französischen Ökonomen im April 2006 wurde mitgeteilt, dass die Zahl der kleinen und mittleren Betriebe (vor allem auch im industriellen Bereich) in den letzten drei Jahren um 25% gewachsen sei (Le Monde v. 25.4.2006).

Die mit der Sozialpolitik verbundenen Beziehungen der Regierung Kirchner zu den verschiedenen sozialen Bewegungen waren zunächst offener und verständnisvoller als unter Duhalde. Zum Beispiel traf sich Kirchner schon kurz nach seinem Amtsantritt mit führenden Repräsentantinnen der »Mütter der Plaza de Mayo«, mit Piqueteroführern sowie Gewerkschaftsvertretern und versprach ihre Forderungen zu prüfen, zu diskutieren und – je nachdem – zu erfüllen. Gleichzeitig wahrte er Distanz zu den rechten bürokratischen Gewerkschaftsspitzen des Peronismus. Es scheint so, als ob sich dieses durchweg freundliche Verhältnis im Laufe der Regierungszeit Kirchners (z.B. seit August/September 2004) insofern differenzierte, als die einzelnen Strömungen der sozialen Bewegungen – je nach Regierungsnähe oder Schärfe ihrer Regierungskritik – unterschiedlich behandelt werden.

Die generelle, schwer zu beantwortende Frage ist, ob diese verschiedenen anti-neoliberalen Akzentsetzungen für eine gangbare Alternative zum vorherigen Modell ausreichen und vertieft werden können. Denn es ist offensichtlich, dass die bisherige Normalisierung noch recht präkäre Seiten aufweist (z.B. in Bezug auf Neuinvestitionen im industriellen Bereich, im Energiesektor, aber auch in der gesamten sozialen Infrastruktur, der Arbeitswelt etc.) und durch bestimmte ökonomische und politische Ereignisse oder eventuelle politische Gegenoffensiven durchaus noch als umkehrbar erscheint.

Menschenrechts- und außenpolitische Neuorientierung

Die deutlichsten neuen Akzente setzte Kirchner im Bereich der Menschenrechte, der Aufarbeitung der Vergangenheit, der Justiz und der politischen Reformen. Die – vor allem unter Präsident Menem – völlig marginalisierte Menschenrechtsdiskussion und Debatte über die Bestrafung der Menschenrechtsverletzer während der Diktatur erhielt mit Kirchner eine neue Wende und rangiert seither in der Politikagenda ziemlich weit oben. Nicht nur die Absetzung von Generalen und Polizeioffizieren kurz nach seinem Amtsantritt, sondern auch die von Kirchner vorangetriebene Aufhebung der Amnestiegesetze für Militärs (durch den Kongress) und der Beginn von Untersuchungsverfahren und Prozessen gegen die bekanntesten Täter aus der Periode der Militärdiktatur sowie die feierliche Einweihung des einstigen Folterzentrums, der Mechanikerschule der Marine ESMA, als Gedenkstätte brachte Kirchner viele Sympathien bei den Mittelschichten, Teilen der Arbeiterklasse und den Intellektuellen ein. Mitte Juni 2005 wurden auch vom – inzwischen personell veränderten – Obersten Gerichtshof die unter Präsident Alfonsín 1986 und 1987 erlassenen »Schlusspunkt«- und »Gehorsamspflicht«-Gesetze, die einer weitgehenden Amnestie für die Militärverbrechen während der Diktatur gleichkamen, für verfassungswidrig erklärt. Damit wurde der Weg für Prozesse gegen 400 bis 1.000 Angehörige der argentinischen Streitkräfte freigemacht. »Anführer konservativer Parteien und Gruppen bezeichneten den Vorgang als ›Einmischung‹ der Regierung in Angelegenheiten der Justiz« (FAZ v. 16.6.2005). Auch die Neubesetzung des Obersten Gerichts und die dabei etablierten öffentlichkeitswirksamen und transparenten Auswahlverfahren waren ein Lehrstück in Demokratie, wie es das Land in dieser Form noch nicht gekannt hat und wofür Kirchner in der Öffentlichkeit hohes Lob erntete. Freilich sollten diese Signale nicht überbewertet werden. Fast täglich gibt es Beschwerden über die Ineffizienz der Justiz und die noch weit verbreitete Straflosigkeit (»impunidad«) (vgl. z.B. El País vom 7.6.2005).

Vieles bleibt symbolische Politik, da es schon an genügenden Ressourcen und/oder ausreichender politischer Unterstützung zunächst innerhalb Kirchners »eigener« Partei, der PJ, und dann darüber hinaus im Kongress mangelt. Eine wirklich ernsthafte Verfolgung der Menschenrechtsverletzer würde voraussetzen, dass ein wesentlich größerer Teil der Richter systematisch darauf angesetzt würde, was gegenwärtig keineswegs der Fall und auch für die nahe Zukunft nicht zu erwarten ist.

Vor allem in der Außenpolitik Kirchners sind neue Töne nicht zu überhören. Das Vorhaben, den MERCOSUR erheblich aufzuwerten, den Einigungsprozess zu forcieren und mehr gemeinsame Institutionen (ähnlich wie in der EU) zu schaffen sowie weitere Mitglieder zu gewinnen und zu assoziieren, wurde schon teilweise umgesetzt. Im Dezember 2003 wurde eine »Kommission der Ständigen Repräsentanten« begründet und ein »Kommissionspräsident« gewählt (E. Duhalde),[34] ein neuer ständiger MERCOSUR-Gerichtshof etabliert sowie dem »Ständigen Sekretariat« mehr Kompetenzen übertragen (Woischnik 2004: 82ff.).

---

[34] Seit Ende 2005 ersetzt durch Carlos »Cacho« Álvarez, den früheren Vizepräsidenten während der ersten Regierungsmonate von de la Rua; als einstiger Repräsentant der FREPASO und ehemaliger Linksperonist hat sich auch hier eine Verschiebung gemäß dem »Links-Mitte«-Trend im MERCOSUR-Bereich insgesamt ergeben.

Zentral dafür war, dass es vor allem seit Lulas Amtsantritt in Brasilien und seit Kirchners Präsidentschaft zu einer relativ starken Annäherung zwischen den beiden Hauptländern des MERCOSUR gekommen ist. Beide Seiten haben immer wieder – zuletzt vor der Weltöffentlichkeit in der UN-Vollversammlung im September 2004 in New York – ihre »strategische Partnerschaft« bekräftigt (was natürlich kurzfristige Verstimmungen zwischen beiden Ländern und Probleme z.b. beim fairen Handelsaustausch keineswegs ausschließt).

Die Neujustierung der Politik gegenüber dem ALCA-Projekt, das inzwischen in wesentlichen Punkten verwässert worden ist und über das in Zukunft nur noch auf der Basis eines gestärkten und erweiterten MERCOSUR verhandelt werden soll, schließt implizit eine stärkere und pointiertere Distanzierung von den USA ein. Die verstärkte Zusammenarbeit Argentiniens mit Venezuela im Kommunikationsbereich (Teilnahme an dem von Chávez vorangetriebenen Projekt einer gemeinsamen lateinamerikanischen Fernsehstation »Telesur«), in der Verarbeitung und Vermarktung von Erdgas, Erdöl u.a. weist in die gleiche Richtung.

Bei den seit Ende 2004 wieder einmal festgefahrenen Verhandlungen für ein neues Freihandelsabkommen zwischen der EU und dem MERCOSUR geht es um ein wichtiges Ziel der argentinischen Außen- und Außenwirtschaftspolitik: die starke politische und wirtschaftliche Dominanz der USA in Südamerika durch Gegengewichte zu relativieren und den großen EU-Markt für argentinische Agrarprodukte zu öffnen (Malcher 2005: 207ff.). Immer bedeutender aber wird perspektivisch – ähnlich wie bei Brasilien – die Aufnahme und Intensivierung der »Süd-Süd-Beziehungen«, d.h. die politischen und wirtschaftlichen Kontakte z.B. zur Volksrepublik China, Indien, Korea, Südafrika etc. Auch hier sind von der Regierung Kirchner neue Schritte unternommen worden.

In den letzten Monaten hat sich der MERCOSUR von der Aufbruchstimmung des Jahres 2004 merklich entfernt: Die beiden »Großen«, Brasilien und Argentinien, dominieren die Agenda durch bilaterale Vereinbarungen zum Schutz der heimischen Industrie; Liberalisierungs- und Fortschritte in der Arbeitsteilung zwischen diesen Ländern wurden zurückgenommen. Die beiden kleinen Länder, Uruguay und Paraguay, denken offen über einen Austritt aus dem MERCOSUR und über bilaterale Freihandelsabkommen mit den USA (siehe Chile, Kolumbien, Peru etc.) nach. Der heftige Streit zwischen Uruguay und Argentinien wegen zweier geplanter Zellulosefabriken auf der uruguayischen Seite des Grenzflusses zwischen beiden Ländern, dem Rio Uruguay, hat die Schwäche gemeinsamer, regulierender und schlichtender Institutionen offenbart. Dennoch scheint ein schwerer Rückschlag oder gar Niedergang des Integrationsbündnisses eher unwahrscheinlich; Venezuelas formeller Beitritt zum Integrationsabkommen Ende 2005 könnte mittelfristig eine neue Dynamik auslösen (Egenhoff 2006).

Die Zwischenwahlen vom 23. Oktober 2005

In den Zwischenwahlen vom Oktober 2005 wurden vor allem die Hälfte der Abgeordneten im nationalen Parlament erneuert und in acht (der insgesamt 24) Provinzen die Senatoren für den Kongress gewählt. Diese Wahlen wurden von Kirchner als Plebiszit über seine bisherige Amtsführung interpretiert; er wollte damit das Legitimitätsdefizit seiner Wahl zum Präsidenten ausgleichen und im innerperonistischen Machtkampf (vor allem gegenüber seinem einstigen Förderer Duhalde) an Boden gewinnen. Beides gelang in einem erheblichen Umfang: Die sich dem Peronismus verbunden fühlende Partei/Fraktion Kirchners (unter dem Namen »Frente Para la Victoria«, FPV) gewann landesweit ca. 40% der Stimmen, die Zahl der »kirchneristischen« Abgeordneten« im Unterhaus des Kongresses stieg auf 107 (vorher 90) an, während die des peronistischen Gegenlagers Duhaldes von 53 auf 28 abnahm.

Da dieses Resultat aber immer noch keine absolute Mehrheit gebracht hat, ist Kirchner auf Bündnisse mit anderen Abgeordneten von der Linken oder den regionalen Parteien angewiesen, falls es nicht zu einer (immer noch unwahrscheinlichen) Versöhnung mit der »duhaldistischen« Fraktion der PJ kommen sollte. Die Mehrheit der Kirchner-treuen Senatoren wurde auf 42 (von insgesamt 71) sehr klar ausgebaut. Die Opposition, vor allem die UCR, aber auch die »Mitte-Links«-Gruppierung ARI schnitt relativ schwach ab und ist kaum in der Lage, eine deutlich sichtbare Oppositionsrolle zu spielen. Auch die argentinische Rechte hat trotz des Erfolgs des »argentinischen Berlusconi«, Mauricio Macri, in der Bundeshauptstadt auf nationaler Ebene keine Terraingewinne erzielen können. Die sehr zersplitterte Linke (unter Einschluss der »Mitte-Links«-Partei ARI) konnte im Wesentlichen ihre Positionen halten und kumuliert landesweit immerhin ca. 12% der Stimmen auf sich vereinigen, womit sie noch knapp vor der altehrwürdigen, klassischen »zweiten Partei« des Landes, der UCR, die infolge der ihrem Präsidenten de la Rúa zugeschriebenen Krise von 2001 auf extrem niedrige Werte in der Wählergunst abrutschte (Klein 2005), rangiert. Gleichzeitig verloren die linken Parteien einige Sitze in der Abgeordnetenkammer, was einmal mehr die weiter ausgebaute Dominanz des Mitte-Links-Blocks von Kirchner unterstreicht.

4. Soziale Bewegungen seit den 1990er Jahren

»Wir wissen, dass eine neue Ära angefangen hat, nicht dann, wenn eine neue Elite an die Macht gekommen ist, oder eine neue Verfassung verabschiedet wurde, sondern wenn die einfachen Leute beginnen, neue Ausdrucksformen zu benutzen, um ihren Interessen Gehör zu verschaffen.«

Charles Tilly, The Contentious French

Allgemeine Charakteristika sozialer Bewegungen seit 1990

Allgemein war die erste Hälfte der 1990er Jahre von einer relativen Schwäche sozialen Protestes gekennzeichnet, und die Arbeitskonflikte erreichten in dieser Phase einen historischen Tiefstand (Murillo 2001: 149ff.). Anfang der Dekade gab es nur punktuell und fragmentiert soziale Proteste. In den späten 1990er Jahren – im Kontext zunehmender Delegitimierung der neoliberalen Orientierung – entsteht ein neuer sozialer Protestzyklus, und v.a. im Gefolge der Krise 2001 kommt es zur Entwicklung bedeutender und vielfältiger sozialer Bewegungen. Vergleicht man sie mit der Zeit zuvor, ist ein »substantieller Wandel in der Matrix sozialen Protestes« (Schuster/Pereyra 2001: 52) festzustellen. Während bis zum Ende der Militärdiktatur die gewerkschaftlichen Kämpfe absolut dominant waren, änderte sich die Form der Interessenvertretung und -artikulation. In der Zeit von 1983 bis 1988 wurden ca. 75% aller Proteste von den Gewerkschaften angeführt, die restlichen 25% entfielen auf Proteste gegen Menschenrechtsverletzungen.

In der Zeit von 1989 bis 1994 fielen noch 60% aller Proteste in den gewerkschaftlichen Bereich, wobei sich allerdings die soziale Trägerschaft verschoben hatte (Schuster/Pereyra, 2001: 52). Mit dem Prozess der partiellen Deindustrialisierung verringerte sich das Gewicht der industriellen gewerkschaftlichen Konflikte, vor allem im Privatsektor. Es kam außerdem zu einer sektoralen und regionalen Veränderung der Schwerpunkte von Arbeitskonflikten. Im öffentlichen Bereich und in den Provinzen nahmen sie im Laufe der 1990er Jahre überproportional zu (Maceira/Spaltenberg 2001: 24). Am deutlichsten traten sie 1993 in Santiago del Estero im äußersten

Nordwesten zu Tage: Bei einem lokalen Aufstand gegen Sparmaßnahmen, Lohnverzögerungen und -kürzungen sowie Massenentlassungen staatlich Beschäftigter wurden Regierungsgebäude und lokale Ämter angezündet und mehrere Provinzpolitiker von der wütenden Menge an ihrem Wohnsitz besucht. Die Geschehnisse zeichneten sich durch hohe Partizipation und Zustimmung, keine polizeiliche Gegenwehr und geringe Organisation aus (Auyero 2002c: 43ff., Farinetti 2005: 226ff.). Auch in anderen Regionen waren es Proteste gegen die Umstrukturierung und Rationalisierung von Industriebetrieben, die die vorwiegend staatlich Beschäftigten auf die Straße brachten. Zudem entstanden im Bildungsbereich Anfang der 1990er Jahre umfangreiche Proteste gegen die schlechten Lehr- und Lernbedingungen und gegen die Tendenz der sozialen Schließung und Privatisierung des Bildungswesens.

Die Proteste waren anfangs sehr punktuell, untereinander kaum koordiniert und nicht aufeinander bezogen (DiMarco u.a. 2003: 14). Trotzdem fallen einige Gemeinsamkeiten auf: Die Proteste dieser Phase waren *erstens* von direkten Aktionen der unmittelbar Betroffenen gekennzeichnet. Durch die negativen Folgen der neoliberalen Umstrukturierung wurde auf schon existente Organisationen Druck ausgeübt, der sie zum Teil dazu bewegte, politischen Protest zu organisieren, zum Teil suchte sich dieser aber auch neue organisatorische Rahmen.

Zweitens prägten neue Aktionsformen wie Traktorendemonstrationen der Kleinbauern,[35] künstlerische Spektakel während der Auseinandersetzungen um Bildung und Zeltstädte (als Protestform entlassener Belegschaften) die Ereignisse, denen durchaus mediale Aufmerksamkeit zuteil wurde. Durch die Medienpräsenz wurden die partikularen Forderungen, die die Proteste ausgelöst hatten, verallgemeinert und im Namen universaler sozialer Rechte re-formuliert – nicht zuletzt, um breitere Unterstützung in der Bevölkerung zu gewinnen. *Drittens* war schon anfangs der 1990er Jahre eine zu-

---

[35] Die Kleinbauern (insbesondere in Rio Negro und Tucuman) organisierten mehrere große Demonstrationen gegen die Verschlechterung ihrer Situation – die bekannteste der »*tractorazo*« auf dem Plaza de Mayo in Buenos Aires. Durch die Marktöffnung waren viele Agrarprodukte auf dem Binnenmarkt nicht mehr konkurrenzfähig, da die Preise aufgrund der Importe stark gefallen waren und andererseits die Kredite hohe Zinsen aufwiesen. Viele der Bauernhöfe, sowohl in der Pampa als auch in allen Teilen des Landes gerieten in gleicher Weise mit dieser neuen Situation in beachtliche existenzielle Probleme.

nehmende Integration von Antirepressionsforderungen in den Protesten zu verzeichnen. Die Menschenrechtsorganisationen unterstützten die lokalen Aktivitäten und weiteten im Laufe des Jahrzehnts ihre Forderungen immer stärker auch auf soziale Rechte aus.

Die offizielle Politik bewertete den Protest als quasi »natürliche« Reaktion der Betroffenen auf die Umstrukturierungsmaßnahmen, die sich aber nach der Konsolidierung des neoliberalen Modells erledigen würde, weil dann auch die, die zunächst harte Kosten in Kauf zu nehmen hätten, davon profitieren würden. Durch den Diskurs der Regierung haftete den Protesten in der öffentlichen Meinung das Etikett einer »rückwärtsgewandten« Verteidigung letztlich nicht wettbewerbsfähiger und deshalb unberechtigter Privilegien an. Der lokale und punktuelle Charakter der Proteste, der häufig identitäre und kommunitäre Züge trug, wurde von der Bevölkerung als Schwäche sozialer Bewegungen wahrgenommen (DiMarco et al. 2003: 17f.).

Für die Protestierenden war es Anfang bis Mitte der 1990er Jahre ausgesprochen schwierig, ihre Forderungen als legitim zu präsentieren. In dieser Zeit war in der öffentlichen Meinung der Kurs von Menem hegemonial, andere politische Positionen wurden von Menem als realitätsfremd, überholt, verantwortungslos, irregeleitet, wenn nicht gar als böswillige Sabotage dargestellt und in der (ver)öffentlich(t)en Meinung weitgehend übernommen (Canelo 2002: 19f.). Dennoch bildete das Versprechen, die Armut zu verringern und die Arbeitslosigkeit zu bekämpfen, einen Hauptbestandteil von Menems Diskurs.

Nach der erfolgreichen Beendigung der Hyperinflation, mit der eine hohe soziale Disziplinierungsmacht verbunden war, war die Zustimmung in der Bevölkerung zu seiner Politik zunächst hoch. Er konnte sogar noch 1995, als Arbeitslosigkeit und Armut einen historischen Höhepunkt erreicht hatten, die Präsidentschaftswahlen gewinnen, hatte aber den Zenit seiner Macht bereits überschritten. Die Anknüpfungspunkte für sozialen Protest wurden in dieser Zeit größer, zu offensichtlich waren für manche Bevölkerungsgruppen bereits die uneingelösten Versprechen. Seit 1995 eröffneten die Proteste der neuen Gewerkschaftsströmungen gegen Arbeitslosigkeit und Lohnverfall sukzessive Artikulationsspielräume, die die Breite der Protestinhalte und Vielfalt der Aktionsformen allmählich erhöhten. Eine tatsächliche Hegemoniekrise kann aber erst ab der Jahrtausendwende konstatiert werden.

Während der 1990er Jahre ist es zu einer bedeutenden Ausweitung der protestierenden sozialen Sektoren gekommen. Mit dem Beginn der Piquetero-Aktivitäten im *Conurbano* und z.T. auch in den *Villas* von Buenos Aires ab 1997 traten zum ersten Mal seit vielen Jahren die städtischen Unterklassen als mächtiger politischer Akteur auf, ohne dabei zunächst in direkter Abhängigkeit vom Peronismus zu stehen.

»Die soziale Basis der *Cartoneros* und *Piqueteros* bildete sich durch die *Massen in Verfügbarkeit*, die durch die Desartikulation des Arbeitsmarktes entstanden sind. Diese Veränderungen erlebten ebenso die *Arbeiter der besetzten Fabriken*, die in erster Linie von der De-Industrialisierung betroffen waren, als einen Prozess, der für die 1990er Jahre charakteristisch ist. Aber die negativen Konsequenzen betrafen auch die Mittelklassen und zerstörten das Zentrum der sozialen Stratifikation. Von dort aus waren es die so genannten *neuen Armen*, die seit Mitte der letzten Dekade den Tausch von Gütern und Dienstleistungen in Tauschnetzwerken organisierten.« (Palomino 2005: 20)

Sämtliche Bewegungen der 1990er Jahre können zunächst als Reaktionen auf die soziale Destrukturierung gesehen werden, die nach neuen Subsistenzformen suchen. Wie diese Überlebenstechniken aussehen und wie die Bewegungen sich artikulieren, unterscheidet sich allerdings deutlich.

Mit dem Beginn des neuen Jahrtausends expandierte der Protest erheblich, seit dem Jahr 2000 hatte er sich auf alle Provinzen und größeren Städte des Landes ausgebreitet und war insbesondere in der Hauptstadt nicht mehr zu übersehen. Im Verlauf des Jahres 2001 vergrößerten sich Umfang und Militanz des Protestes. In der Piqueterobewegung bildeten sich festere Organisationsstrukturen.

Zeitgleich wurden immer mehr Fabriken besetzt, und die öffentlichen Beschäftigten riefen zahlreiche Streiktage aus. Obwohl die meisten Beobachter vor allem die Proteste in der Provinz Buenos Aires zur Kenntnis nahmen, spielten sich in der Peripherie genauso harte Auseinandersetzungen ab: Beispielsweise haben Piqueteros in Salta zwei Wochen lang die Bundesstraße Ruta 34 besetzt, bis sie mit brutaler Repression von der Nationalgarde geräumt wurde, wobei zwei Menschen von (offiziell nie existierenden, aber erwiesenermaßen illegal eingesetzten) Heckenschützen erschossen wurden (Díaz Muños 2005: 107f.).

In den Monaten nach dem Dezember 2001 traten mit hoher Intensität und dem offenen Infragestellen der politischen Macht eine Vielzahl neuer Organisationen und Aktionsformen in Erscheinung. Das Zentrum des Phänomens waren klar die Piqueteros, aber auch die Stadtteilversammlungen *(asambleas)*, die Aktionen der Menschenrechtsbewegung (insbesondere auch der neuen Organisationen wie die H.I.J.O.S[36] mit ihren *escraches*) und die Bewegung der (noch arbeitenden) Arbeiter (v.a. der staatlichen) wie auch die symbolische Bedeutung der besetzten Betriebe, machten die Bewegung aus, die von breiten Mobilisierungen mit einer auffälligen Präsenz künstlerischer Aktionsformen u.a. der Studentenbewegung begleitet wurde (Campione 2003: 92).

Das Konfliktniveau erreichte im Sommer 2002 einen Höhepunkt, »während dem praktisch alle sozialen, staatlichen und ›privaten‹ Machtzentren in Frage gestellt waren. Nicht nur die Exekutive, sondern auch die Legislative und die Judikative, und zum großen Teil auch die lokalen Regierungen, die großen Firmen, die eng an die staatliche Korruption angebunden waren (private Unternehmen, die öffentliche Aufgaben erfüllten), die für die Mittelklassen ruinöse Spekulation (die Banken), und einige Medien (vor allem die konservativen und offiziellen Tageszeitungen) wurden mit Anschuldigungen, Protestdemonstrationen, Cacerolazos und ›Escraches‹ konfrontiert und waren in gewisser Weise in das ›Que se vayan todos‹ eingeschlossen, den Slogan, der auf diffuse Weise den Willen ausdrückte, sich von der politischen Führung, die alle Legitimität verloren hatte, zu befreien« (Campione 2003: 93).

Es gab einige Versuche, gemeinsame programmatische Alternativen zu entwickeln, so etwa auf dem Sozialforum in Buenos Aires im August 2002. Gleichwohl kam es wegen der Heterogenität der sozialen Akteure nicht zum Aufbau dauerhafter und stabiler Bündnisse. Sie waren in ihrer Mehrheit weit davon entfernt, ein gemeinsames Projekt zu entwickeln.

Dennoch bedeutete die Krise im Dezember 2001 in zweierlei Hinsicht einen mächtigen Schub für die zuvor entstandenen Bewegungen. Zum einen brachte die Krise breite soziale Sektoren dazu, sich in die bereits bestehenden Mechanismen der Subsistenz einzubringen, d.h. an *piquetes* teilzunehmen, um Nahrungsmittelpakete oder Unterstützungszahlungen zu bekommen, sich den *Cartoneros* anzuschließen, um Müll zu sammeln, oder

---

[36] Hijos por la Identidad y la Justicia contra el Olvido y el Silencio (Kinder für die Identität und Gerechtigkeit gegen das Vergessen und das Schweigen). Die Gruppe, die sich zum großen Teil aus Kindern von den in der Militärdiktatur verschwundenen Aktivisten zusammensetzt, hat seit 1997 zahlreiche *escraches* durchgeführt, um die Öffentlichkeit mittels Medien und die Nachbarn wichtiger Verantwortlicher und Peiniger der letzten Militärdiktatur auf deren Vergangenheit hinzuweisen. Diese neue politische Aktionsform, die vor allem auf die öffentliche Thematisierung zielt, hat schon einige Täter – nach jahrzehntelangem, straflosem Leben – Ansehen und Arbeitsplatz gekostet.

die Tauschclubs zu nutzen, deren Quasi-Währung *creditos* Anfang 2002 fast die herkömmliche Währung ersetzte (Palomino 2005: 22f.). Zum zweiten führte der institutionelle Kollaps dazu, dass breite Teile der Bevölkerung partizipatorische Formen politischer Entscheidungsfindung kennenlernten, da in den Stadtteilen, in den besetzten Fabriken und in den Piquetero-Mobilisierungen Entscheidungen öffentlich debattiert und getroffen wurden. Dies führte bis zu einem gewissen Grad zum Austausch und solidarischen Handeln verschiedener sozialer Klassen. Große Unterschiede bestanden allerdings sowohl im Auftreten als auch in den Forderungen, sodass mehr als eine vorsichtige Annäherung und Solidaritätserklärungen nicht möglich waren.

Die soziale Heterogenität der Protestierenden hat seit 2003 wieder abgenommen. Breite Teile der Mittelschichten haben sich erneut in ihren Alltag zurückgezogen, der sich gemäß Kirchners Wunsch »normalisiert« hat. Durch das beachtliche Wirtschaftswachstum von 8,7% im Jahre 2003, 9,0% im Jahr 2004 und geschätzte 9,2% im Jahr 2005 (pagina 12, 20.1.2006, S. 4) sind für sie wieder Erwerbsmöglichkeiten entstanden und sie entsolidarisierten sich zunehmend mit dem Protest der Unterklassen. Die anhaltende Zustimmung zu Kirchner von um die 70% sowie seine Kooptationsversuche haben die radikaleren Teile der Menschenrechts- und Piqueterobewegung ins politische Abseits gedrängt, während ein Großteil der Arbeitslosenbewegung Teil der klientelistischen Strukturen des Peronismus geworden ist. Es sind keine neuen Protestformen entstanden, sondern die Heterogenität der Aktionsformen hat abgenommen. Dennoch sind in besetzten Betrieben, Teilen der Piqueterobewegung und den Überresten der *Asambleas* politische Akteure entstanden, die ihre Arbeit fortsetzen. Im Vergleich zum Ende der 1990er Jahre gibt es nun eine Vielzahl von Organisationen, die im politischen und sozialen Bereich aktiv sind und der sozialen Desintegration und Fragmentierung Alternativen entgegensetzen.

Veränderungen im gewerkschaftlichen Spektrum

1989 unterstützten die meisten Gewerkschaften Menem und trugen erheblich zu seinem Wahlsieg bei. Während der Regierungszeit Menems legten die Gewerkschaften deutlich weniger Protestaktivitäten an den Tag als in der Zeit davor. Die Zahl der von den großen Gewerkschaften organisierten Streiks sank seit 1990 beachtlich und blieb für die Dauer der ersten Amtszeit Menems auf einem sehr niedrigen Niveau (Murillo2001: 150ff.).[37] Unter Alfonsin hatten die Gewerkschaften Privatisierungen jeglicher Art offen zurückgewiesen. Unter Menem versuchten sie – mit beachtlichem, aber ambivalentem Erfolg – über Kooperation Einfluss auf die Privatisierungs- und Reformprozesse zu nehmen. Allerdings führte die Privatisierungspolitik Menems bereits im Oktober 1989 zur inneren Spaltung der CGT (Palomino 2002: 261ff.). In den ersten drei Jahren der Menem-Regierung artikulierte sich die Opposition gegen die neoliberale Reformpolitik noch innerhalb der PJ und der CGT. Im Laufe der 1990er Jahre gründeten diese Akteure dann eigene Organisationen, die den politischen Protest bündelten und vorantrieben.

Der kooperative Kurs der CGT bewirkte, dass sie zunehmend eher als Arbeitgeberin und Aktionärin gesehen wurde, denn als Interessenvertretung der Arbeitnehmer. Mit ihrer disziplinierenden Wirkung auf einen großen Teil der Gewerkschaften trug sie dazu bei, ein Modell durchzusetzen, das zwar vom Peronismus vorangetrieben wurde, aber einen starken Bruch mit der peronistischen Tradition darstellte.

In Abgrenzung zum »sindicalismo empresario«[38] und zur starken Anbindung an eine parteipolitische Kraft gründete sich die konfliktorientierte Gewerkschaftszentrale CTA – zunächst unter dem Namen »Congreso de Trabajadores Argentinos«, seit 1993 mit der Bezeichnung »Confederación de Trabajadores Argentinos«. Sie machte gewerkschaftliche Autonomie gegenüber dem Staat, den Arbeitgebern und politischen Parteien sowie interne Demokratie zu ihren Leitlinien und wendete sich gegen Korruption und den Pragmatismus des Gewerkschaftsapparats (Rauber 1998: 88ff., sowie 321ff.). Bereits im ersten der CTA zuzurechnenden Dokument (»De-

---

[37] Hatte die durchschnittliche monatliche Streikanzahl während der Amtszeit Alfonsins 38 betragen, wobei insgesamt 13 Generalstreiks ausgerufen worden waren, lag die durchschnittliche monatliche Streikzahl in Menems erster Amtszeit hingegen nur bei 18 und es gab gerade einmal einen Generalstreik.

[38] Der (meist diffamierend gebrauchte) Terminus »*sindicalismo empresario*« beschreibt das Verhalten der CGT-(San Martín) Gewerkschaften, die Teile privater Firmen kauften, die Verwaltung von Pensions- und Rentenfonds übernahmen, ihre Sozialkassen reorganisierten und aus den Gewinnen Dienstleistungen für ihre Mitglieder anbieten. Damit begannen v.a. die mitgliederstarken und mächtigen Gewerkschaften wie die SUPE (Sindicato Unido de Petroleros del Estado), die FATLyF (Federación Argentina de Trabajadores de Luz y Fuerza), die SMATA (Sindicato de Mecánicos y Afines del Transporte Automotor) und die FAECyT (Federación Argentina de Empleados de Comercio) (Armelino 2004: 6).

claración del encuentro Sindical de Burzaco«, vgl. Del Frade 2004: 56ff.) solidarisierte sie sich mit den Forderungen der Rentner,[39] von denen sie von nun an auf den Demonstrationen begleitet wurde. Das Ziel war, einen »neuen Pol zu schaffen, der die Möglichkeit beinhaltet, die soziale Fragmentierung des Neoliberalismus zu überwinden« (ebd. 50ff.). Gründungsmitglieder der CTA waren zahlreiche Gewerkschaften staatlich Beschäftigter, insbesondere im Erziehungsbereich, und viele lokale Gewerkschaften verschiedener Sektoren, die aktiven Widerstand gegen die Umstrukturierungen leisteten. In fast allen Arbeitskämpfen der ersten Hälfte der 1990er Jahre haben Einzelpersonen, die der CTA nahe standen, oder später zu ihr stießen eine wichtige Rolle gespielt. Viele besaßen langjährige gewerkschaftliche Erfahrungen, hatten sich immer als Peronisten verstanden und waren zu Zeiten der Militärdiktatur häufig von Repression betroffen gewesen, fühlten sich aber nach dem Richtungswechsel unter Menem vom Peronismus nicht mehr vertreten.

Im Juli 1994 fand mit dem *Marcha Federal* die erste große Demonstration (ca. 50.000 Teilnehmer) gegen die Wirtschaftspolitik Menems statt. Diese Mobilisierung, die die verschiedenen neuen Gewerkschaftsströmungen CTA, MTA und CCC (s.u.) gemeinsam voranbrachten, stellte einen qualitativen Sprung dar, der die regionale und organisatorische Fragmentierung und Schwäche des Protestes zu überwinden suchte, und war Ergebnis einer eineinhalbjährigen Vorbereitungsphase mit vielen lokalen Mobilisierungen (Armelino 2005: 298f.).

Während der zweiten Hälfte der 1990er Jahre verstärkte sich die Distanz zwischen den Teilen der aktiven Gewerkschaftsbewegung und der PJ weiter. Die Artikulation von Arbeitnehmerrechten fand in verschiedenen gewerkschaftlichen Organisierungsprozessen ihren Ausdruck.

Erstens bildete sich innerhalb der CGT 1994 mit der MTA (Movimiento de los Trabajadores Argentinos, später CGT dissidente) eine Strömung heraus, die die Marktorientierung des Dachverbands kritisierte und versuchte, innerhalb der traditionellen Gewerkschaftszentrale eine Mehrheit bzw. wich-

---

[39] Die ganze Dekade über demonstrierten jeden Mittwoch Rentner vor dem Nationalkongress und forderten die Anhebung ihrer Rente. Im März 1993 präsentierten sie dem Kongress eine Million Unterschriften, die sich gegen die Verabschiedung der geplanten Rentenreform wandten (Armelino 2005: 287). Diese Kampagne wurde von der *Mesa Coordinadora de Jubilados* getragen, in der zahlreiche soziale Organisationen, wie z.B. auch die neu gegründete CTA, teilnahmen.

tige Funktionen zu erlangen.[40] Sie befürwortete eine Rückkehr zur binnenmarktorientierten und staatsinterventionistischen Politik und orientierte sich am frühen Peronismus. Mit einem Alleinvertretungsanspruch für die (formelle) Arbeitnehmerschaft, der Vertretung der unmittelbaren Interessen ihrer Mitglieder und möglichst direkten Verbindungen zu den Regierenden, knüpfte sie an klassisch peronistische Gewerkschaftspolitik an (Armelino 2004).

Zweitens gewann ab 1994 die sich als politisch-gewerkschaftliche Strömung verstehende Organisation Corriente Clasista y Combativa (CCC) an Bedeutung, die eng mit der maoistisch orientierten Partido Comunista Revolucionario verwoben ist. Sie besteht aus einer gewerkschaftlichen Achse, die vor allem die Arbeitskämpfe der SEOM (Sindicato de Empleados y Obreros Municipales) organisiert und in Jujuy Aufmerksamkeit erlangte. Neben der bedeutenden Basis in La Matanza war die CCC an der Seite der CTA (besonders der Staatsbeschäftigtengewerkschaft ATE) zwar wichtiger Akteur der verschiedenen Protestwellen in Jujuy (s.u.), ist aber auf Landesebene wenig verankert (Svampa 2005: 223).

Drittens schaffte es die CTA, sich landesweit zu etablieren und erlangte durch ihre Öffnung zu den Protesten der Arbeitslosen eine neue Mitgliederbasis. Die CTA betont stets, dass die Arbeitslosen unbedingt als Teil der Arbeiterklasse anzusehen sind und dass es außerordentlich wichtig ist, gerade auch im Gegensatz zu anderen Gewerkschaften, die Arbeitslosen zu organisieren sowie die Veränderungen der Arbeitswelt zu reflektieren und prekär Beschäftigte anzusprechen. Die CTA nimmt viele sonst nicht repräsentierte Arbeitnehmergruppen auf: Selbstständige, Arbeitslose, prekär Beschäftigte und Unterbeschäftigte. Durch die Existenz verschiedener Aktionsfelder und Kommissionen rund um die Themen Gesundheit, Kommunikation, Energie, Industrie, Transportwesen, Ernährung und Gastronomie sowie durch die lokalen Kommissionen mit territorialer Basis wie Organisationen für Land und Wohnraum, Migranten und Rentner, bearbeitet sie viele Themen und kann verschiedenste Bevölkerungsgruppen ansprechen (Armelino 2005: 284f.). Besondere Bedeutung kommt hierbei der 1998 gegründeten Federación Tierra y Habitat (FTV) zu, die sich vor allem in den verarmten Stadtteilen und *Villas* rund um Buenos Aires aus vielen Personen zusammensetzt, die sich seit Jahrzehnten für bessere Lebensverhält-

---

[40] Wichtige Einzelgewerkschaften hierbei waren die UTA (Unión de Tranviarios Automotores), die Gewerkschaft der Lastwagenfahrer, Fluglotsen und Justizangestellten.

nisse vor Ort engagierten und dazu beitrugen, dass die FTV schnell eine hohe territoriale Verankerung aufwies und zur größten Piquetero-Organisation wurde (Svampa/Pereyra 2003).

Die Integration verschiedener sozialer Sektoren während der 1990er Jahre durch die Vernetzung konkreter Artikulationen war auch zu nicht unerheblichem Teil ein Verdienst der CTA (Palomino 2005: 22ff.).

Seit 2000 wandte sich auch die CTA immer stärker den Themen Erwerbslosigkeit und Armut zu. 1999 war das Motto ihres Kongresses »Trabajo para Todos«, an dem mehr als 8.000 Delegierte teilnahmen. Im Juli 2000 wurde durch den »Marcha Grande por el Trabajo« ein Unterstützungsprogramm mit dem Namen »Plan Jefas y Jefes de Hogar« gefordert, das 380 Pesos für arbeitslose Haushaltsvorstände forderte. Dafür konnte eine Million Unterschriften gesammelt werden.

Im September 2001 organisierte die FRENAPO (Frente Nacional contra la pobreza), an der die CTA neben Kirchen, der linken Partei ARI, Menschenrechtsorganisationen (Madres L.F., CELS) und der Organisation der kleinen und mittleren Unternehmer (ApyME) maßgeblich beteiligt ist, diverse Demonstrationen, um die für Dezember geplante *consulta popular* bekannt zu machen, und trug so allgemein zum Anschwellen der Proteste bei. In nur drei Tagen wurden über drei Millionen Personen befragt, von denen lediglich knapp 18.000 gegen den Vorschlag stimmten, eine Arbeitslosenunterstützung von 380 Pesos für den Haushaltsvorstand und 60 Pesos für jedes minderjährige Kind einzuführen. Gerade in dieser Phase schaffte es die CTA erfolgreich, die Bevölkerungsschichten, die weder über Partizipationsformen noch spezifische Organisationen verfügten, als Basis ihrer Organisation zu gewinnen und sich für soziale Organisationen, die die verschiedenen Forderungen der *sectores populares* artikulieren, zu öffnen.[41] 2002 machte die CTA eine aktive Mitwirkung am »Aufbau einer neuen

---

[41] Die bewegungsorientierte Stoßrichtung der CTA, die besonders die Unterklassen ansprechen will, spiegelt sich auch in ihrer Sprache wider. Häufig wird betont, dass es darum geht, *poder popular* von unten zu konstruieren und der Spaltung zwischen Arbeitern und Arbeitslosen vorzubeugen. Isabel Rauber, die für die CTA Strategiepapiere entwirft, tritt dafür ein, im kollektiven Akteur die politische, soziale und kulturelle Bewegung zu sehen, die als »*sujeto popular*« das »Land zurückgewinnen kann – was unter aktuellen nationalen und politischen Bedingungen heißt, es neu zu gründen« (Rauber 2003: 6). »El pueblo« ist der prinzipielle Protagonist sozialer Veränderung und die wichtigste politische Aufgabe ist, seine Partizipation und die seiner Organisationen zu gewährleisten.

politischen, sozialen und kulturellen Bewegung«, die ein alternatives Projekt formuliert, zu ihrem strategischen Ziel.

Gegenwärtig hat die CTA 800.000 Mitglieder und stellt eine politische Allianz aus einem traditionell peronistischen und einem minoritären sozialistischen Sektor dar (Godio 2005). Auf dem Bundeskongress im März 2006, der mit über 7.000 Teilnehmern aus unterschiedlichen Bereichen mit einer bemerkenswerten Präsenz von Frauen und prekär Beschäftigten gut besucht war, kamen die politischen Spannungen innerhalb der CTA zum Ausdruck (pagina 12, 30.3., 31.3. u. 21.4.2006). Während sich ein Teil der Organisation für Eigenständigkeit, Unabhängigkeit und Konfliktorientierung ausspricht, setzt ein zweiter Flügel auf Kooperation mit der Regierung, um baldmöglichst eine Anerkennung der CTA als offizielle Arbeitnehmervertreterin zu erreichen. Gegenwärtig besitzt die CGT trotz geringerer Anhängerzahl dafür noch den Alleinvertretungsanspruch.

Die CGT (ca. drei Millionen Mitglieder) hat im Jahr 2005, dem Jahr mit den meisten Arbeitskonflikten seit 1990,[42] zahlreiche Streiks unterstützt, setzt aber in klassisch peronistischer Manier darauf, zügig unter Einbeziehung der Regierung Kompromisse zu schließen. Sie konnte so zahlreiche Abschlüsse zwischen 15% und 20% Lohnsteigerungen erwirken, beschränkt sich aber auf ihre traditionellen Branchen und Klientel.

Bemerkenswert an der Phase 2004/2005 ist allerdings auch, dass zahlreiche Arbeitskämpfe jenseits gewerkschaftlicher Vertretung geführt worden sind und in erster Linie von prekarisierten Arbeitern getragen wurden.

Piquetero-Bewegung als politische Artikulation der Arbeitslosen

In der zweiten Hälfte der 1990er kam es im Landesinneren in einigen Orten zu ersten mehrtätigen Straßensperren (*Piquetes*), die hohe mediale Aufmerksamkeit fanden und rückblickend als Ausgangspunkte der Piquetero-Bewegung ausgemacht werden können.

1996 blockierten ca. 20.000 Menschen in den benachbarten Orten Cutral-Co und Plaza Huincul, in der im Südwesten gelegenen Provinz Neuquén, sieben Tage und sechs Nächte die Zufahrtsstraßen und forderten – nach der folgenreichen Privatisierung des Erdgasunternehmens YPF – neue

---

[42] Nach Angaben des Centro de Estudio para la Nueva Mayoría gab es 2005 819 gewerkschaftliche Konflikte (im Vergleich zu 249 im Jahr 2004).

Arbeitsplätze und ein Treffen mit dem örtlichen Gouverneur. Die argentinische Bundespolizei sah sich nicht in der Lage, die Straßen zu räumen und zog sich zurück. Der Gouverneur akzeptierte nach sechs Tagen die Forderungen der Aufständischen nach Wasser und Licht und versprach Unterstützungszahlungen, nachdem er mit einer Delegation der Protestierenden verhandelt hatte – die sich erstmals Piqueteros nannten (Schneider Mansilla/ Conti 2003: 44).

Diese Aktionsform wurde im März 1997 von einer anderen Personengruppe wieder aufgenommen: Zahlreiche Jugendliche sperrten die Straße nach Cutral-Co, als ein Lehrerstreik in der Hauptstadt von Neuquén in eine zweite »Pueblada« (»Volksaufstand«) mündete (Palomino/Pastrana, 2003: 215). Als 1997 die im äußersten Nordosten des Landes gelegene Provinz Jujuy zwölf Tage durch Straßenblockaden von der Außenwelt abgeschnitten wurde, waren es sowohl dissidente lokale Gewerkschaftsorganisationen als auch Arbeitslosenorganisationen, die die 21 Straßensperren organisierten, um der Forderung nach Arbeitsplätzen und Unterstützungsprogrammen Nachdruck zu verleihen. Sie thematisierten auch die Korruption der örtlichen Behörden, wodurch die Provinzregierung zum Rücktritt veranlasst worden ist (Auyero 2002b: 191).

Im Dezember 1999 blockierten hunderte Personen die Belgrano-Brücke in der Provinz Corrientes, um ausstehende Löhne einzufordern, die Entlassung vieler Staatsbeschäftigter zu verhindern und die lokale Korruption und Pfründenverteilung anzuklagen. Zuvor hatten staatliche Beschäftigte, Lehrer, Anwälte und Rechtsgehilfen sechs Monate lang auf dem zentralen Platz Aguante Correntino campiert, um ihren Forderungen Nachdruck zu verleihen. Ähnlich wie in Santiago del Estero waren die LehrerInnen die ersten, die große Demonstrationen organisierten. Über das Jahr verbreiterte sich die Basis des Protestes: von dissidenten Gewerkschaftern unter dem Namen »autoconvocados«, über viele Personen, die zuvor nie an politischen Protesten teilgenommen hatten. Bis hin zur katholischen Kirche protestierten nun verschiedenste Gruppen. In beiden Fällen kam das öffentliche Leben fast zum Erliegen: Seit Monaten fand kein Unterricht mehr statt, die Polizei streikte und Teile der politischen Elite förderten aus taktischen Gründen den Protest oder maßen ihm eine hohe Bedeutung zu (Auyero 2002c: 64ff.).

In den Provinzen beteiligten sich an den *piquetes* in der Regel nicht nur die entlassenen Arbeiter, sondern bis Mitte des Jahres 2002 auch Arbeiter, Rentner und besonders viele Frauen und Jugendliche ohne vorherige Beschäftigung. Gerade die beiden letztgenannten Bevölkerungsgruppen, die häufig das erste Mal politische und organisatorische Erfahrungen sammelten, nahmen in großer Zahl am Beginn und der Ausweitung der Piquetero-Aktivitäten teil (Pereyra 2003: 113ff., 142f.).

Während sich die ersten systematischen Straßenblockaden weitab vom ökonomischen und politischen Zentrum des Landes abgespielt hatten, begannen sich die Arbeitslosen ab ca. 1997 auch in den Armenvierteln am Stadtrand von Buenos Aires zu organisieren. Im gleichen Jahr setzte die erste (noch relativ kleine) Straßenblockade in Groß-Buenos Aires die ersten 120 *Planes Trabajar*[43] der Metropole durch. Lokale Erfolge ermunterten die Arbeitslosen, sich auf die Kämpfe von Piqueteros in anderen Teilen von Groß-Buenos Aires und des ganzen Landes zu beziehen und für sich die gleichen Verbesserungen zu verlangen. Als beispielsweise im November 2000 die Piqueteros in La Matanza ihre sämtlichen Forderungen durchgesetzt hatten und die Behörden das entsprechende Abkommen unterzeichneten, wurden dieselben Errungenschaften in vier weiteren Stadtvierteln von Buenos Aires und in Salta eingefordert (ebd.). Insgesamt lässt sich feststellen, dass sich die Piquetero-Bewegung durch ihre ersten Erfolge enorm vergrößert hat und immer neue Organisationen entstanden, die Unterstützung forderten (Grimson/Kessler 2005: 163). Adressaten dieser Kämpfe waren einerseits der Staat, andererseits private Unternehmen. Mit den erkämpften finanziellen Ressourcen entwickelten die Akteure der Bewegung dann z.T. auch eine alternative Infrastruktur (*emprendimientos productivos*). Einzelne Piquetero-Bewegungen bauten u.a. Krankenstationen, Kindergärten und Volksküchen sowie einige Handwerksbetriebe auf, die dann in Kollektivbewirtschaftung geführt wurden.

Im Juli 2001 fand der erste nationale Kongress der Arbeitslosen statt, der erheblich zur Vernetzung der einzelnen Gruppen beitrug, die sich nun als »nationale Bewegung der Arbeitslosen« (Movimiento Nacional Desocupados, MND) gründeten (Delamata 2002: 134f.). Mehr als 2.000 Personen aus Basis- und Arbeitslosenorganisationen planten die Intensivierung der

---

[43] Die »Planes Trabajar« (wörtlich: Arbeitspläne, ähnlich den Arbeitsbeschaffungsmaßnahmen in der BRD) sind kleine Unterstützungen für die jeweiligen Haushaltsvorstände, die an ihrem Ort zu gemeinnützigen Arbeiten (Säuberungsaktionen, Parkanlagenpflege etc.) für 150 Pesos (bis 2001 = 150 US Dollar) für einige Monate eingestellt werden. Bezahlt werden sie von der argentinischen Regierung, die das Geld aus einer neu eingeführten Steuer auf den Export von Agrarprodukten, insbesondere Getreide bezieht, was nebenbei den Effekt hat, dass die Agraroligarchie den Piqueteros nicht gerade wohl gesonnen ist.

Protestaktivitäten und verständigten sich über weitreichende politische Forderungen (Beilage zum Wildcat-Zirkular Nr. 63, März 2002: 13f.). Anfang 2002 hatten die Piquetero-Organisationen bereits über 100.000 aktive Unterstützer, die an Straßenblockaden und der Besetzung von Regierungsgebäuden beteiligt waren. Ende 2001 gab es eine große Vielfalt von Piquetero-Organisationen, die von unterschiedlichen politischen Stilen, verschiedenen ideologischen Traditionen und strategischen Orientierungen geprägt waren.

a) Aus der Organisation FTV hatten sich im Laufe der Jahre 2000 und 2001 zahlreiche kleine Gruppen abgespalten, die sich an verschiedenen linken Parteien orientierten[44] und v.a. im Jahr 2002 trotz organisatorischer Ausdifferenzierungen gemeinsam zu Protesten mobilisierten. Mit dem bundesweiten Piqueteroblock (BNP, zusammen ca. 35.000 Personen) versuchten sie, eine gemeinsame und starke Dachorganisation aufzubauen (Svampa/Pereyra, 2003: 60ff.).

b) Zahlenmäßig bedeutender war der dialogbereite Sektor, der bis 2003 aus CCC und FTV-CTA bestand und insgesamt ca. 130.000 Personen ausmachte.

c) Darüber hinaus partizipieren am BNP zunächst verschiedene kleinere Gruppen, die sich in (teilweise scharfer) Abgrenzung zu Avantgardekonzepten herausgebildet haben und starken Wert auf horizontale Organisationsstrukturen und basisdemokratische Entscheidungsfindung legen (vor allem die Bewegungen, die sich 2001 als CTD Aníbal Veron unter dem Signum »Trabajo, Dignidad y Cambio Social« konstituierten und aus denen sich diverse MTD Aníbal Verons und die MTR abspalteten, insgesamt ca. 15.000 Personen). Teilweise lehnten sie jede Form von Delegiertenstrukturen ab und versuchten nur auf lokaler Ebene aktiv zu sein (Pereyra, 2003: 121ff.).

In den armen Vierteln des *Conurbano*, die durch starke soziale Atomisierung gekennzeichnet waren, bewirkte lokale Bildungsarbeit u.a. der Kirchen und der ersten entstehenden Piquetero-Organisationen die reflexive Auseinandersetzung mit der eigenen Situation.

---

[44] Die folgenden Bewegungen sind klar den unterschiedlichen Parteien und Organisationen der traditionellen Linken in fast all ihren Facetten zuzuordnen: kommunistischen (Movimiento de Liberación Territorial, der Partido Comunista), trotzkistischen (Polo Obrero der Partido Obrero) und maoistischen Parteien (die Corriente Clasista y Combativa der Partido Comunista Revolucionaria) sowie auch guevaristischen Organisationen (Barrios de Pie der Patria Libre).

Für die Entstehung der einzelnen Piquetero-Organisationen waren folgende Faktoren von entscheidender Bedeutung:
1. Viele Personen aus alten Stadtteilbewegungen waren von Anfang an bei den Piqueteros aktiv, wobei zahlreiche Menschen mit kirchlichem Hintergrund in der Anfangsphase wichtige Funktionen innehatten – nicht zuletzt, weil die Stadtteillokale und die kirchlichen Stellen die einzigen Orte sozialer Begegnung waren. Einige Einzelpersonen mit politischen Erfahrungen und starker lokaler Verankerung (auch aus einigen NGOs) waren hierbei von Bedeutung, weil sie die nötigen organisatorischen Fähigkeiten einbrachten und weitergaben.
2. Zum Teil kamen auch Personen aus den peronistischen Basisstrukturen zu den Bewegungen oder arbeiteten mit ihnen zusammen. Dies kann tatsächlichem Unmut, lokalen Intrigen oder auch in der Phase von 1999-2001 dem Kalkül folgen, die Regierung de la Rua zu schwächen. Für die Proteste in Cutral Co 1996 weist Auyero nach, dass der Ex-Intendant Grittini (Línea Blanca) Essen und anderes Material unter den Protestierenden verteilte, um den Protest zu verlängern und dem Gouverneur Sapag (Línea Amarilla) zu schaden. Allerdings wendeten sich die Protestierenden in verschiedenen Interviews gegen den politischen Klientelismus (Auyero 2002c: 39, 42). Damit haben in diesem Fall die gespaltenen Eliten zeitweise dem Protest Auftrieb verschafft.
3. Einige kleine linke Parteien begannen um die Jahrtausendwende, die Unterstützung der Erwerbslosenproteste in die eigenen Strategien einzubeziehen und nahmen die Forderung nach 150 Pesos Arbeitslosenunterstützung in ihre Programme auf, die sie zuvor oft als viel zu gering eingestuft hatten. Dies brachte der Bewegung viele organisatorische und finanzielle Ressourcen, aber auch Vereinnahmungsversuche.
4. Die Vernetzung der Organisation FTV mit der CTA brachte den Arbeitslosen auch im gewerkschaftlichen Spektrum Unterstützung ein. Gerade für den Gründungsprozess war die FTV sehr wichtig – die meisten kleineren Organisationen spalteten sich in den Jahren 2000 und 2001 von der FTV ab.

Die meisten Menschen nähern sich den Piquetero-Organisationen, weil sie nach einem Einkommen, gesundheitlicher Versorgung, einem Arbeitsplatz, Unterstützung in Nachbarschaftskonflikten usw. suchen, und nur sehr selten aus »ideologischen« Gründen. Während der ersten Aktionen und der Teilnahme an den unterschiedlichsten Aktivitäten der Bewegung bildete sich dann langsam eine positive Identität als Piquetero/a. Dazu musste zunächst das überwiegend negative Bild aus den Medien – d.h. bei den Unterschichten fast ausschließlich aus den privaten Fernsehkanälen – überwunden werden. Sie stellten die Piqueteros als gewalttätige und gefährliche Banden dar, die unbeteiligten Bürgern aus egoistischen Motiven die Möglichkeit der freien Zirkulation nehmen.

Die (Rück-)Gewinnung von politischer Handlungsfähigkeit war für die Piqueteros ein mühseliger Prozess, denn im Peronismus, insbesondere in der Variante Menems, waren die Ärmsten lediglich »Objekte« der Politik, sie wurden »geschützt«, »unterstützt« und »in ihrem Sinne« wurde von Menem entschieden. Als »Subjekte« traten sie nicht in Erscheinung – die Ärmsten sollten höchstens die »Hoffnung nicht verlieren« oder die »Arme nicht hängen lassen« (Boron 1991, zit. nach Canelo 2002: 15). Der rasante soziale Abstiegs trug nun entscheidend zum Verlust der Glaubwürdigkeit dieses Appells bei. Die PJ-Netzwerke konnten die Bedürfnisse der armen Bevölkerung immer weniger erfüllen, auch die Differenzen zwischen unterschiedlichen PJ-Strukturen traten deutlicher zu Tage. Dies erhöhte die Bereitschaft zum Kampf im Kontext der stetigen Verschlechterung der Lebensbedingungen, bis hin zur Existenzgefährdung.

Die ersten Piquetero-Organisationen markieren einen klaren Bruch mit der assistenzialistischen Logik der bisherigen Politik: Sie lehnen den klientelistischen Code ab und fordern Arbeit als ein soziales Recht ein. Sie durchbrachen den üblichen Habitus, sich um Almosen zu bemühen und stellten die sozialen Hierarchien und Gruppenkategorien infrage; denn diejenigen, die Unterstützung bekamen, gaben sich damit nicht zufrieden, sondern setzten sich weiter für die Universalisierung der *Planes* ein (Woods 1998: 11). Seit 2000 werden die Unterstützungszahlungen zu einem erheblichen Teil über die Bewegungen und nicht über die alten, klientelistischen Strukturen verteilt. Es gibt allerdings auch Piquetero-Organisationen, die von Beginn an sehr eng mit der lokalen Verwaltung verwoben waren. So forderten die Piqueteros in La Matanza, die Gemeinde solle die Planes verwalten (Massetti, 2004: 30f.).

Die Partizipation in der Bewegung gab den Beteiligten persönliche Würde und Selbstachtung zurück, die ihnen mit dem Arbeitsplatz und der Behandlung durch die staatlichen Stellen bzw. deren Ignoranz verloren gegangen war. Die Aktivisten betonen, dass sie ein Gefühl von Kollektivität (wieder-)gewonnen hätten, das ihr Selbstwertbewusstsein gestärkt habe. Bildungsprogramme und die relative Verbesserung der Grundversorgung ihrer Mitglieder (Zugang zu Medikamenten, Suppenküchen, Arbeitsmöglichkei-

Piquetero-Bewegung als politische Artikulation der Arbeitslosen 83

ten in den Kooperativen auf Grundlage der Arbeitslosenunterstützung) können als Erfolge der Bewegungen gesehen werden, die das Weiterbestehen ihrer Organisationen (und teils ihre Vergrößerung) trotz des Abflauens der Proteste erklären.

Betrachtet man die Mobilisierungen der Piqueterobewegung seit 2003 nach den Daten, die die Chronik der Zeitschrift »Observatorio Social de América Latina« (Nr. 10-18) bereitstellt, fällt zunächst auf, dass sie immer noch eine bemerkenswerte Vitalität haben und nach einer Phase des Abwartens nach dem Regierungsantritt Kirchners im Jahr 2004 ihre Proteste verstärkten. Obwohl es keine gemeinsamen Mobilisierungen aller Strömungen mehr gab, ist die Zahl der Demonstrationsteilnehmer hoch. Zum ersten Jahrestag (26.6.2003) der Ermordung zweier junger Piqueteros auf der Puente Pueyrredón, die 2002 eine gesellschaftliche Entrüstungswelle ausgelöst hatte, die Duhalde zwang, die Präsidentschaftswahlen früher als geplant abzuhalten, demonstrierten im Jahr 2003 20.000 Personen – ein Jahr später waren es 70.000, im Jahr 2005 immerhin 50.000.

Ein Teil der Bewegung bekennt sich heute klar zu Kirchner (FTV, Barrios de Pie) und bringt diese Orientierung beispielsweise in der Gründung der transversalen Bewegung (*Frente Transversal*) im Juli 2004 auch klar zum Ausdruck. Der Kirchner-nahe Flügel konnte Anfang 2005 problemlos 30 Shell-Stationen besetzen, als der Präsident zum Boykott aufrief. Dennoch hat gerade die FTV Anhänger verloren und ihre Basis identifiziert sich immer weniger mit der für die Organisation zentralen Logik des politischen Klientelismus. (Delamata 2005: 374ff.) So waren zum 4. Jahrestag der Rebellion weniger als 10.000 Personen anwesend, während der regierungskritische Flügel auf einer zentralen Demonstration (in unterschiedlichen Blöcken) immerhin 50.000 Personen mobilisierte.

Nach wie vor finden landesweite Protesttage statt, bei denen in allen Provinzen des Landes Straßensperren aufgestellt und auch in Buenos Aires die wichtigsten Zufahrtsstraßen blockiert werden. Lediglich mit gut sichtbaren Protesten, wie der Zeltstadt auf dem *Plaza de Mayo* im August 2005, gelingt es gelegentlich, die Öffentlichkeit auf die nach wie vor schlechten Lebensbedingungen und die materielle Not aufmerksam zu machen (pagina 12, 16.-21.8.2005). Gemeinsame Forderung des regierungskritischen Teils der Bewegung ist die Universalisierung der *Planes* und ihre Anhebung auf 350 Pesos.

Die Strategie der Regierung Kirchner bestand in einer ersten Phase (Mai 2003- Juli 2004) im Dialog und dem Verzicht bzw. der weitgehenden Vermeidung von Repression. Dies hatte auf die dialogbereiten Teile einen demobilisierenden Effekt und war aus der Sicht der Regierung eine äußerst effiziente Strategie, um die Mehrheit der Erwerbslosenbewegung für sich zu gewinnen und die anderen Teile der Bewegung als »harte«, »gewaltbereite« und »uneinsichtige Störer der öffentlichen Ordnung« zu stigmatisieren. Das Ganze war von einer entsprechenden Medienberichterstattung begleitet (Schuster 2005: 267).

Eine zweite Phase (Juli 2004 bis August 2005) war durch den erneuten Einsatz von Repression gekennzeichnet. Besetzungen wurden beendet, Demonstrationen und *Escraches* von massiven Polizeieinsätzen begleitet. Systematisch wurde versucht, Delikte der Protestierenden zu (er-)finden und zu ahnden, um die Protagonisten des Protests einzuschüchtern (Alerta Argentina 2006: 5f.). Eine dritte Phase beginnt Ende August 2005 und ist von der Schließung öffentlicher Räume für den Protest gekennzeichnet. Mit teils drastischen Maßnahmen wird versucht, den Protest von prestigeträchtigen Plätzen, Straßen und Brücken fernzuhalten.[45] Während Kriminalisierung und Repression 2002 noch zur öffentlichen Entrüstung der Bürger weit über die Basis der Piqueterobewegung hinaus führte, sind Solidarisierungen mit den Opfern polizeilicher Gewalt heute rar gesät. Die »konsequente Ahndung des Protests mit dem Strafgesetzbuch in der Hand« (so der Innenminister), der von Politik und Medien hervorgebrachte »Anti-Piquetero-Konsens« und die generelle Stigmatisierung der armen Bevölkerung als »gefährliche Klassen« haben mittlerweile zum Rückzug der Piquetero-Organisationen in ihre Stadtteile geführt (Alerta Argentina 2006: 6f.).

Der Fraktionierungsprozess innerhalb der Piqueterobewegung hat auch 2005 weiter zugenommen. »Viele Organisationen haben sich eher entlang persönlicher als ideologischer Linien aufgesplittert und es existieren ca. 80 verschiedene Gruppierungen. Im Spaltungsprozess spielte der Zugang zu den *planes* eine große Rolle und viele der *punteros* sind heute eher an ihren Geschäften interessiert als an irgendeiner sozialen Mobilisierung – sie sind häufig weder gegen noch für Kirchner oder Duhalde. Doch *planes* haben

---

[45] Neben dem Großraum Buenos Aires werden auch in den Ölenklaven im Inneren des Landes neue Wege zur Verhinderung von Protest erschlossen. Neben Misshandlungen der Zivilbevölkerung ließen die Lokalbehörden in Caleta Olivia zu, dass das Unternehmen Termap eine über drei Meter hohe Mauer mit doppeltem Stacheldrahtzaun und nicht identifizierbarem Wachpersonal um sein Gelände errichtete, um dem Protest ein Ende zu setzen (La Nación, 19.6.05).

vor allem diejenigen, die zu den Anhängern Kirchners gehören, alle anderen werden erst wieder finanzielle Mittel bekommen, wenn die soziale Mobilisierung, die zur Zeit auf dem Tiefstand ist, wieder zunimmt« (R. Martino 31.10.05).[46] Heute werden nach Schätzungen des Journalisten Carlos Suarez mindestens 85% der *Planes* von PJ-treuen Funktionären verteilt, nur ein kleiner Teil bleibt den Piquetero-Organisationen. Gleichwohl haben die sozialen Organisationen (auch die regierungskritischen), oft in Zusammenarbeit mit kleinen NGOs, mittlerweile ein umfangreiches Wissen, wie sie an Unterstützungsgelder für Projekte und die verschiedenen *planes* für ihre Mitglieder herankommen oder z.B. den Staat als Abnehmer ihrer Produkte gewinnen können.

Wenn auch die Solidarität der Mittelklassen, die Spenden und die Mittel der Regierung stark zurückgegangen sind, so betonen Piqueteros des Kirchner-kritischen Flügels (Aníbal Verón – Frente Santillán), dass sie noch immer, wenn auch langsam, wachsen, ihre *emprendimientos* völlig ohne staatliche Mittel mit interner Umverteilung hin zu den weniger rentablen Projekten betreiben können. Sie demonstrieren weniger, weil vielen Mitgliedern die Erfolge des Protests auf der Straße fehlen, intensivieren dafür die Stadtteilarbeit (v.a. *educación popular*) und erschließen sich neue Wohnräume durch Landbesetzungen.[47]

Auch in anderen Landesteilen arbeiten die Piquetero-Organisationen am Aufbau anderer Einkommensquellen – so hat die MTL in La Brava/Jujuy jüngst eine Mine gekauft, in der nun 40 Personen beschäftigt sind und bis zu 400 Arbeitsplätze geschaffen werden sollen (pagina 12, 16.10.05). Nach Angaben des Ministeriums für soziale Entwicklung arbeiteten Anfang 2004 bereits 100.000 Personen in vom Staat über den *Plan Jefas y Jefes de Hogar* geförderten *emprendimientos productivos*, wobei ca. 10% der *Planes* auf die verschiedensten Piquetero-Organisationen fällt. Lediglich die trotzkistischen Kräfte lehnen den Aufbau produktiver Projekte als »Zeitverschwendung« und »unwürdige Arbeit für einen Hungerlohn« ab. Auch die Piqueteros der MTL, die der PC nahe stehen, haben in La Matanza zahlreiche Kooperativen aufgebaut, die auf qualitativ hohem Niveau gewinnbringend pro-

---

[46] Interview mit Roberto Martino, Leitung der MTR, vom 31.10.2005.
[47] Vortrag auf dem Segundo Encuentro der Cátedra Libre: Movimientos Sociales y Estrategias para el cambio social, UBA, 15.10.2005

duzieren und viele Familien ernähren können.[48] Außerdem sind zahlreiche Organisationen wie beispielsweise das *Instituto Movilizador de Fondos Cooperativos* dabei, umfangreiche Kreditmöglichkeiten und Beratungsprogramme für Kooperativen bereitzustellen.

Die Bewegung Besetzter Betriebe

Bereits in der zweiten Hälfte der 1990er Jahre hatten sich einige Belegschaften entschlossen, die Betriebe, in denen sie arbeiteten, zu besetzen.[49] Diese Besetzungen und die Wiederaufnahme der Produktion in Eigenregie erfolgten jeweils, um die Schließung der Fabrik zu verhindern und den Arbeitsplatz und das daran gekoppelte Einkommen zu behalten. Fast immer ging dem eine Phase der Verschlechterung der Arbeitsbedingungen, Entlassungswellen und Lohnkürzungen (nicht selten mit Zustimmung der Beschäftigten) und die Nicht-Bezahlung von Löhnen und Gehältern voraus. Wann der Entschluss zur Übernahme gefasst wurde, hing damit in erster Linie von der »Belastbarkeit« der Belegschaft ab (Palomino 2005: 29ff.). Zunächst hatten sie mit praktischen Problemen wie dem fehlenden Zugang zu Krediten, den Schwierigkeiten, die Produktion koordiniert wieder aufzunehmen, zu kämpfen und mussten zum Teil auch einige Räumungsversuche abwehren. Gerade in dieser ersten Phase waren die Solidarität breiter Bevölkerungsteile, insbesondere der Menschenrechtsbewegung und von Einzelpersonen aus der lokalen Politik, sowie die Unterstützung der Anwohner sehr wichtig.

Die in unterschiedlichen Teilen des Landes besetzten Betriebe waren zunächst untereinander kaum vernetzt. Seit 2000 bildeten sich landesweite

---

[48] Im Mai 2006 entschied sich eine Baufirma sogar, Teile eines Auftrags für einen Wohnkomplex an die Piqueterobewegung MTL zu vergeben. Beeindruckt von der technischen Qualität der Arbeit der Kooperative, dem angenehmen Ambiente und der Beteiligung von Frauen an den Bauarbeiten sowie dem Vorteil der landesweiten Verankerung der Organisation, beschreibt der Geschäftsführer der Firma das ungewöhnliche Arrangement als »Entscheidung aus ökonomischen Motiven« (pagina 12, 29.5.2006).

[49] Aus dieser Zeit sind vor allem die folgenden drei Besetzungen für die spätere Bewegung wichtig: das 1996 von der Belegschaft in eine Kooperative überführte Kühlhaus Yaguané in La Matanza (GBA), die 1998 besetzte metallverarbeitende Fabrik IMPA, bei der Eduardo Murúa, der spätere Vorsitzende der MNER, eine wichtige Rolle spielte, und drittens die Besetzung der Unión y Fuerza, deren Enteignung von dem Anwalt Luis Caro im Dezember 2000 durchgesetzt werden konnte.

Netzwerke heraus, die einen umfassenden Informations- und Erfahrungsaustausch und bessere politische und technische Unterstützung sowie einen höheren Bekanntheitsgrad ermöglichten. In diesen Dachverbänden, unter denen die MNER mit 60 Betrieben der wichtigste ist,[50] rangen verschiedene linke Parteien und Strömungen um die Anführerschaft, was zu vielen internen Streitigkeiten führte (Magnani 2003: 52ff).

Die meisten Fabriken wurden 2002 besetzt und gingen im Laufe der Jahre 2002/03 in eine neue Rechtsform über. Welche Rechtsform gewählt wurde, war eine Entscheidung, die v.a. im Hinblick auf die Notwendigkeit getroffen wurde, ein im juristischen Sinne verantwortliches Subjekt zu schaffen, um Kredite zu bekommen, finanzielle Transaktionen zu bewerkstelligen und nicht allzu viele Kunden zu verlieren. Von den 98 im Jahr 2003 gezählten Fabriken waren 73 Kooperativen.[51] Viele bekamen eine Frist von zwei Jahren gesetzt, in der sie bis zu einer möglichen definitiven Enteignung des alten Besitzers die Schulden, die für Maschinen und Geräte, sowie für das Gebäude (bzw. dessen Nutzung) veranschlagt werden, bezahlen sollen. Dieser Umstand bringt viele Betriebe in einen prekären Status und schränkte ihre Handlungsmöglichkeiten stark ein (Palomino 2005: 44ff). Viele erreichen in dieser Phase noch immer nicht die alte Stückzahl und Produktivität. Beachtlich ist, dass in allen Fabriken die Einkommen für alle Arbeiter gleich hoch sind und dass in den Betrieben Räume für Kommunikation entstanden sind (von Cafeterias bis zu Kulturzentren) und Hierarchien (zumindest formal) abgebaut wurden, während die Entscheidungskompetenz den Betriebsversammlungen obliegt.

Nach den Dezemberereignissen wurde den besetzten Betrieben größere Aufmerksamkeit und Solidarität der asambleas, vieler Piquetero-Organisationen und einiger Medien zuteil. Die Unterstützung war sowohl symbolischer als auch materieller Art, in Form von (Nahrungsmittel-) Spenden und

---

[50] Darüber hinaus gibt es die Federación Nacional de Cooperativas de Trabajo de Empresas Recuperadas und die Federación de Cooperativas de Trabajo sowie die Movimiento de Fabricas Recuperadas.

[51] Pastrana und Palomino sprechen von 130 Fabriken, die 15.000 Arbeiter beschäftigen (2003: 213). Zum Teil gab es Schätzungen über 200-300 empresas recuperadas. Die unterschiedlichen Zahlen beruhen auf der Schwierigkeit einzuordnen, ab wann eine Fabrik als übernommen gilt und wann der Prozess an ein Ende gelangt ist. Je nach Quelle werden auch Unternehmen mit Übereinkünften mit den Besitzern (Miete, Teilüberlassenschaft), gekaufte Fabriken oder Fabriken mit lang anhaltenden Konflikten mitgezählt (vgl. zum Problem Ruggeri u.a. 2005: 15ff.).

Maßnahmen gegen polizeiliche Repression. Einige Anwälte, die die Bewegung berieten, sahen sich als Teil der Bewegung oder waren (seltener) über gewerkschaftliche Kontakte vermittelt. Das Verhalten der Gewerkschaften war recht unterschiedlich (Palomino 2005: 40ff.). Abgesehen von wichtigen Einzelpersonen aus Gewerkschaftskreisen, die die Bewegung aktiv unterstützten, war die Zahl der Gewerkschaften, die die Betriebsbesetzungen aktiv förderten (z.b. UOM, Empleados de Comercio Rosario), insgesamt gering. Die meisten verhielten sich eher ambivalent, drängten zur Rückkehr zu »legalen« Aktionsformen und rieten von der Besetzung ab. Teilweise stellten sie gewisse Ressourcen bereit (Zugang zu Anwälten und Büros) oder mobilisierten zu gemeinsamen Protesten (die CTA in Neuquén rief sogar mehrmals zum Generalstreik bei der drohenden Räumung der besetzten Fabrik Zanon auf).

Die Bedeutung der Bewegung ist nicht so sehr in der Zahl der Involvierten (160-180 besetzte Betriebe, in denen circa 10.000 Menschen arbeiten) zu sehen, sondern vielmehr auf der symbolischen Ebene zu suchen. Die Möglichkeit der Besetzung war eine kollektive Antwort auf die zuvor allmächtige Drohung der Betriebsschließung und der Arbeitslosigkeit, die der sukzessiven Verschlechterung der Arbeitsbedingungen Tür und Tor öffnete.

»Aber diese Konfliktlösung beinhaltete eine Redefinition der Beziehung zwischen Kapital und Arbeit, die die uneingeschränkte Gültigkeit des Eigentumsrechts in Frage stellte. Damit vollzog sich ein Wandel der Verhältnisse, der sich nicht auf die kulturelle Sphäre beschränken lässt, sondern sich direkt auf das institutionalisierte System der Arbeitsbeziehungen auswirkte. Den Arbeitern stellte er damit ein neues Werkzeug zur Erhöhung des Verhandlungsdrucks gegenüber den Unternehmern zur Verfügung« (Di Marco u.a. 2003: 182).

Bei den besetzten Betrieben sind zwar auch Fraktionierungen innerhalb der Bewegung zu beobachten, aber insgesamt ist ein Konsolidierungsprozess festzustellen. So kommt das Forschungsprojekt der »Offenen Fakultät« (zit. als Ruggeri 2005) zu dem Ergebnis, dass sich die Anzahl der besetzten Fabriken erhöht hat. Die schon länger bestehenden Fabriken konnten sich konsolidieren und haben sowohl in Bezug auf ihr Produktionsniveau als auch auf ihr Lohnniveau Fortschritte gemacht. Der Durchschnittslohn von 698 Pesos liegt über dem sonstigen Durchschnittsgehalt von 609 Pesos. Damit ist er zwar häufig immer noch unter dem Branchendurchschnitt, aber in jedem Fall um ein Vielfaches höher als die staatlichen Unterstützungsleistungen von 150 Pesos.

Bisher wurden gerade einmal 13 besetzte Fabriken definitiv enteignet, die meisten Überlassungen (in ca. 50% der Fälle wurden überhaupt Enteignungsprozesse begonnen) sind nach wie vor zeitlich befristet. Von den Fabriken, die ohne Besetzung wiedereröffnet wurden, sind deutlich weniger (teil-)enteignet, dafür haben sie ein höheres Produktionsniveau und einen höheren Durchschnittslohn (829 Pesos im Vergleich zu 610 Pesos) erreicht. Nach eigener Wahrnehmung kam die meiste Unterstützung (in absteigender Reihenfolge) von anderen besetzten Fabriken, anderen sozialen Bewegungen, Gewerkschaften, Nachbarn und der Gemeinde. Provinz, Nationalstaat, Universität und Medien werden als weniger solidarisch eingeschätzt.

Obwohl das Thema »Solidarische Ökonomie« viel diskutiert wird, machen die wenigsten Fabriken davon starken Gebrauch. Lediglich 1,5% der Produkte werden an andere besetzte Fabriken abgegeben, an Strukturen der Solidarischen Ökonomie weitere 4,3% (allerdings gehen 25% an NGOs). Nach Aussage des Pressesprechers der Kooperative »Hotel Bauen«[52] versucht der überwiegende Teil der besetzten Betriebe auf dem herkömmlichen Markt zu bestehen. Die Zukunft der Bewegung wird eher im politischen Kampf für Enteignung statt im Versuch gesehen, alternative ökonomische Strukturen aufzubauen, die nicht wirklich wettbewerbsfähig sind.

»Das Problem ist nicht die absolute Abwesenheit staatlicher Politik, sondern die fehlende Kohärenz. Das Fehlen einer kohärenten Rechtssprechung führt dazu, dass die Gerichte einen exzessiven Interpretationsspielraum haben, der in der Minderheit der Fälle zugunsten der Arbeiter angewendet wird. Häufig allerdings sind die Gerichte eher Parteigänger der Besitzer oder anderer an der Fabrik interessierter Käufer und leiten Räumungen ein, ohne die Angeklagten überhaupt angehört zu haben« (Ruggeri 2005: 85).

Von den 72 von der Arbeitsgruppe untersuchten Fabriken bestand der überwiegende Teil (65%) bereits vor 1970, und diese hatten zu ihren jeweiligen Hochzeiten knapp fünfmal so viele Beschäftigte wie heute (2.569 im Vergleich zu 12.500; S. 43). Während einst durchschnittlich 174 Personen in jedem Betrieb arbeiteten, sind es heute 36. Ungelöste Probleme liegen auch noch in der sozialen Absicherung: Bisher haben nur 49% der Beschäftigten aller besetzten Betriebe eine Kranken-, nur 21% eine Rentenversicherung (Rebón 2005: 39).

---

[52] Vortrag auf dem Segundo Encuentro der Cátedra Libre: Movimientos Sociales y Estrategias para el cambio social, UBA, 15.10.05

Die von Kirchner angekündigten Kredite für die besetzten Fabriken (FOEMPRE) wurden nach Angaben des MNER nie ausgezahlt. Die Unterstützung durch die zuständigen Ministerien wird sowohl von der MNER als auch von den *Fabricas Recuperadas* als gering eingeschätzt, und bisweilen werden auch Mitglieder der MNER als Staatsfeinde denunziert.[53] Die Zukunft der für die Bewegung sehr wichtigen Fabrik IMPA und des Hotel Bauen ist aufgrund juristischer Unsicherheiten (und im ersten Fall auch aufgrund von internen Konflikten) ungewiss. Insgesamt zeigt sich also, dass die Konsolidierung in erster Linie auf die Anstrengungen der Bewegung und der Arbeiter zurückgeht, die Politik der Regierung Kirchner blieb ambivalent und hinter den Erwartungen der besetzten Betriebe zurück.

Die Ereignisse des Dezembers 2001 waren für die besetzten Fabriken ein Moment, in dem die Kommunikation mit anderen Organisationen vor Ort, die zu einer bundesweiten Vernetzung untereinander geführt hat, eine Weitergabe organisatorischer Kompetenzen und gesammelten Wissens und somit einen kollektiven Lerneffekt ermöglichte. Aus der zunächst individuellen Forderung, den eigenen Arbeitsplatz zu retten, wurde der politisch artikulierte Anspruch, die staatliche Politik müsse aus sozialen Gründen den Arbeitern die Möglichkeit geben, ihren Betrieb weiterzuführen. Auf diese Weise wurde von einem individuellen Ausgangspunkt aus die Forderung nach einem sozialen Recht entwickelt. In den 1960ern und 1970ern waren Fabrikbesetzungen ein temporäres Mittel, um höhere Löhne oder bessere Arbeitsbedingungen durchzusetzen, heute ist das Ziel, den Arbeitsplatz zu erhalten (Allegrone u.a. 2004: 336). Durch die Besetzung ist es meist zu einer Stärkung der Arbeiteridentität gekommen, die aber zahlreiche neue Merkmale trägt. Zum einen wird die eigene Unabhängigkeit betont und selbstbewusst der Anspruch formuliert, selbstständig entscheiden zu können. Das Verhältnis zu den CGT-Gewerkschaften ist sehr ambivalent und wird keinesfalls durch diese bestimmt. Es gibt Kooperationen mit der CTA, aber von einer Einbindung kann kaum gesprochen werden. Mit der Stärkung des Bezugs zur Arbeit ging auch die Frage einher, wie würdige und gute Arbeit auszusehen hat und wie sie zu organisieren ist. Als Kontrapunkt zur Prekarisierung – und nicht nur zur Arbeitslosigkeit – wird in den Betrieben verhandelt, wie sichere und dauerhafte Arbeitsbedingungen langfristig gesichert werden können. Statt fokalisierter Sozialpolitik wird das Recht

---

[53] (www.mnerweb.com/ar/documentos/prensa/1905.htm, 19.05.05; und www.mnerweb.com/ar/documentos/prensa/impa.htm, 24.4.05)

auf einen Arbeitsplatz in den Mittelpunkt gestellt, die Probleme um die Arbeitsverhältnisse werden politisiert (Fernandez Álvarez 2004: 357f.). Andererseits setzen die Marktbedingungen den Fabriken ökonomische Grenzen: Ein niedriges Lohnniveau bei Absatzschwierigkeiten, Arbeitsrisiken und die häufig fehlende Altersvorsorge rufen in Erinnerung, dass es sich doch nur um Enklaven in kapitalistischen Strukturen handelt. Manche Belegschaften entschieden sich bereits zur Erhöhung der Wochenarbeitszeit, zu kurzzeitigen Arbeitsverträgen und sogar zu Kündigungen (Arnold 2003: 146ff.). Dennoch geht die Gesamttendenz in Richtung einer Konsolidierung der Betriebe und einer Verbesserung der Arbeitsbedingungen.

Stadtteilversammlungen, Kartonsammler und Tauschringe: marktkonforme Selbsthilfe oder neue Form des Sozialen?

Als die Regierung am 3. Dezember 2001 ein Dekret erließ, das nur noch einen begrenzten Zugriff auf die Bankkonten (*Corralito* genannt) ermöglichte, versammelten sich empörte Bürger vor den Banken. Die bei den Cacerolazos (Kochtopfdemonstrationen) zum Ausdruck gebrachte Wut über den verweigerten Zugriff auf die eigenen Konten war eine unmittelbare und spontane Reaktion der Betroffenen, also vor allem der urbanen Mittelklasse in Buenos Aires. Gerade diejenigen, die besonders stark den Traum der 1990er Jahre geträumt hatten, der darin bestand, dass Auslandsreisen und preiswerte Importprodukte den Schritt in die erste Welt bedeuteten, und die Anhänger der menemistischen Politik waren, stürzten 2001 in die tiefe Krise und gaben ihrer Enttäuschung in besonderer Weise Ausdruck – wohl nicht zuletzt, weil sie sehr wütend über den eigenen Irrtum waren (Armony/ Armony 2005). Der reale Abstieg stand in krassem Gegensatz zu in den 1990er Jahren gehegten Erwartungen.

Vor allem in Buenos Aires bildeten sich an vielen Straßenecken Stadtteilversammlungen (asambleas), die über die fatale ökonomische Situation debattierten (Di Marco u.a., 2003: 67ff.). Manche *asambleas* grenzten sich stark von den unteren Schichten ab und konzentrierten ihren Protest vor allem auf die eigenen Einschränkungen, andere solidarisierten sich stärker mit den unteren Bevölkerungsgruppen. Zum ersten Mal begegneten die Bewohner der Hauptstadt den Piquetero-Demonstrationen, die den Weg aus den Vororten bis zum *Plaza de Mayo* fanden, nicht mit Skepsis und Angst, sondern mit Wohlwollen und Solidarität. Für einige Wochen schien sich eine Annäherung der Mittel- und Unterklassen abzuzeichnen. Viele der *asambleas*, die Ende 2001 und Anfang 2002 entstanden und häufig über hundert Teilnehmer hatten, begannen kostenloses oder günstiges Mittagessen zu organisieren. Damit wurde häufig auch im direkten Umfeld erst sichtbar, wie viel Armut bereits existierte. Seit ca. Mai des Jahres 2002 gab es einen allmählichen Rückgang der Mobilisierungen, der auf die langsame ökonomische Stabilisierung, die sukzessive Freigabe der Sparkonten und die Auflage eines – innerhalb seiner begrenzten Mittel – relativ effizienten Sozialprogramms (*Planes Jefes y Jefas de Hogar*) zurückzuführen ist. Mit Einbruch des Winters, zunehmender Anwesenheit politischer Gruppierungen auf den *Asambleas*, die mitunter versuchten, die Diskussionen zu dominieren, und angesichts der wenig konkreten Veränderungen sanken die Teilnehmerzahlen der Stadtteilversammlungen (und ihre Sichtbarkeit im öffentlichen Raum) und der Mobilisierungsgrad in Buenos Aires allgemein (Campione 2003: 92f.). Einige Aktivisten wandten sich sehr konkreten lokalen Projekten (Stadtteilradio, Ausbau eines Lokals, Volksküchen) zu, andere zogen sich ganz zurück. Entgegen den zahlreichen Prognosen über das Ende der Stadtteilversammlungen bestehen viele bis heute weiter. Wenn sie auch meist nur noch 15-20 Personen zählen, und sich große Teile der Bevölkerung wieder entfernt haben, existieren dennoch in vielen Stadtteilen von Buenos Aires weiterhin Volksküchen, soziale und kulturelle Zentren, lokale Radios und Bildungsangebote, darunter Alphabetisierungsprogramme und Nachhilfeunterricht. Die *Asambleas* solidarisieren sich bisweilen mit anderen Protesten.

Interessanterweise stellten Di Marco u.a. in qualitativen Interviews im Jahr 2002 fest, dass 60% der *asambleistas* bereits zuvor politisch oder sozial aktiv waren. Viele betonten, dass auch schon in der Familie politisches Engagement wichtig war. Damit sind die *asambleas* in erster Linie ein Raum für diejenigen, die zuvor bereits politisiert gewesen waren – sie brachten Menschen mit unterschiedlichem Hintergrund auf der Ebene des Stadtteils für konkrete Problemlösungen und allgemeine Diskussionen zusammen. Dabei gehörten diese v.a. zur gebildeten Mittelschicht: 2/3 hatten mindestens einen Sekundarabschluss und 70% der Männer sowie 40% der Frauen waren erwerbstätig. »Die asambleas leisteten eine gewisse soziale Integration: Menschen verschiedener Geschlechter, sexueller Orientierungen, unterschiedlicher Generationen, Klassen und politischen Kulturen fanden zusammen. Sie sind Erben der Neuen Sozialen Bewegungen – der feministischen, der ökologischen und der Menschenrechtsbewegung – und artikulierten jeden dieser Kämpfe jetzt in einem gemeinsamen Raum« (Di Marco 2003: 125).

Der Prozess des gemeinsamen Analysierens, Debattierens und Entscheidens begründete eine stärkere Identifizierung mit dem eigenen Stadtteil. Die Beteiligten betonten, wie wichtig und interessant für sie die Zusammenarbeit mit unterschiedlichen Personen war und dass ihnen ihre Partizipation klar gemacht hat, wie sehr im eigenen Umfeld Armut und Fragmentierung fortgeschritten waren.

Dennoch ist nur ein Bruchteil der Aktivisten heute noch Teil der asambleas, was verschiedene Gründe hat. Vielen waren die Ergebnisse nicht konkret genug und die Diskussionen zu langwierig, andere störte die Präsenz der linken Parteien, wieder andere zogen sich in ihren Alltag zurück. Mit dem Wirtschaftsaufschwung hat sich nicht nur die reale Situation von Teilen der Mittelklasse verbessert, sondern ist auch die Illusion vom guten und sicheren Job und vom sozialen Aufstieg wieder stärker geworden. Schuster attestiert der argentinischen Mittelklasse immer noch eine Tendenz zur Beschönigung der Situation, in der sie sich befindet. Vielleicht abgeschwächt im Vergleich zu den 1990er Jahren hegt sie erneut Erwartungen, die objektiv nicht gerechtfertigt sind (Schuster 2004: 268).

Im Kontext der Krise explodierte die Zahl der Personen, die versuchten, ihren Lebensunterhalt über Tauschclubs und Müllsortieren zu organisieren. Beides sind zwar kollektive Phänomene in dieser Zeit, stellen aber keine sozialen Bewegungen dar, da sie sich nicht für die Veränderung gesellschaftlicher Verhältnisse aussprachen, nicht zu kollektiven Akteuren wurden und keine politischen Forderungen artikulierten.

Die 2001 und 2002 extrem frequentierten *Clubes de Trueque* gehen auf die Initiative einiger Nachbarn in Bernal (GBA) zurück, die dort 1995 den ersten Tauschring gründeten, um in solidarischer Form und als Alternative zur formellen Ökonomie in eigenen Gärten angebaute Produkte zu tauschen. Aus dieser Idee entstand ein Netzwerk, das 1996 bereits 1.000, 1997 2.300, 1999 180.000, 2000 320.000 und 2001 500.000 Mitglieder hatte, die regelmäßig auf 4.500 Tauschplätzen in über 20 Provinzen Güter und Dienstleistungen anboten und konsumierten – am Höhepunkt der Krise 5.000 Menschen am Tag (Leoni/Luzzi 2003: 16ff.). Direkt proportional zur Wirtschaftskrise nahm das Phänomen der Tauschclubs massiv zu, die in verschiedenen Assoziationen bundesweit vernetzt sind und zeitweise eine einheitliche Währung (creditos) hatten. Während anfangs die Teilnehmenden der Denkfigur des »Prosumidors« (Konsument und Produzent zugleich) nahe kamen, vervielfachte sich mit der exponentiell steigenden Mitgliedschaft auch die Zahl derer, die lediglich einkaufen wollten, ohne selbst Produkte anzubieten (Gonzáles Bombal 2002). Gebrauchte Kleidung und Haushaltswaren wurden im Überfluss angeboten, (v.a. frische) Nahrungsmittel hingegen waren immer weniger vorhanden, was bei gleichzeitigem Anstieg der im Umlauf befindlichen Geldmenge (Schätzungen liegen zwischen 30% und lokal 90% Anteil an Tausch-Falschgeld) zu einem starken Anstieg der Preise und einer Geldentwertung führte. Die meisten Versuche, diesen Problemen zu begegnen, schlugen fehl, da nur ein verschwindend geringer Teil der Nutzer an den Versammlungen der Clubs teilnahm, und es überraschenderweise auch kaum zur Zusammenarbeit mit anderen sozialen Organisationen kam. Obwohl viele der beteiligten Personen sich in anderen Netzwerken und Bewegungen engagierten, sahen sie die Tauschclubs als eine individuelle Möglichkeit, den familiären Warenkorb anzureichern, nicht aber als politisches Projekt (Leoni/ Luzzi 2003). Es partizipierten in den Clubs überdurchschnittlich viele Frauen, v.a. der verarmten, urbanen Mittelschicht, die neue Strategien für die Vermarktung ihrer nicht mehr konkurrenzfähigen Produkte und Dienstleistungen suchten. Später kamen viele Nutzer aus den urbanen Unterklassen hinzu, die die Produkte der informellen Ökonomie nach dem Zusammenbruch des offiziellen Geldes – und damit der Finanzkraft der Abnehmer – nicht mehr absetzen konnten. Rückblickend ist ersichtlich, dass die Clubs v.a. eine kreative individuelle Strategie waren, um bei Verknappung des Angebots an Waren und Zahlungsmitteln an Güter und Dienstleistungen zu kommen. Sie ermöglichte es in den Krisenjahren vielen Argentiniern, eine gewisse Grundversorgung aufrechtzuerhalten (González Bombal 2002). Auf ihrem Höhepunkt wurde sie dann auch von der Regierung als eine zivilgesellschaftliche Initiative gelobt, die der Arbeitslosigkeit etwas Sinnvolles entgegensetze.

Seit Mitte der 1990er nahm die Anzahl der Personen massiv zu, die ihr Einkommen aus dem Sammeln wieder verwertbarer Stoffe (v.a. Glas, Papier, Dosen, Stoffe, Plastikflaschen) bezogen,[54] indem sie das nachts aus den Abfällen vor allem in Buenos Aires gesammelte und sortierte Material

---

[54] Schon früher hatte eine informelle Müllverarbeitung existiert, die aber von der letzten Militärdiktatur verboten und durch eine staatlich organisierte Müllabfuhr ersetzt worden ist. Das Phänomen bestand zwar weiterhin, hatte aber quantitativ kaum Relevanz (und Aufmerksamkeit), bis sich 2002 die privaten Müllunternehmen beschwerten, aufgrund der Cartoneros 30-40% weniger Umsatz zu machen.

an Müllsammelstellen oder seltener direkt an die Industrie verkauften. 1999 arbeiteten ca. 25.000 Personen als *Cartoneros*, wobei ca. die Hälfte von ihnen früher abhängig Beschäftigte im Industrie- und Dienstleistungsbereich gewesen waren. 2001 lebten bereits ca. 100.000 Personen vom »Recyceln« von Kartons und Papierabfällen (Schamber/Suárez 2002).[55] Von Teilen der Bevölkerung diskriminiert und gefürchtet, von den (meist ebenso informellen) Müllzwischenhändlern und dem Wohlwollen der Polizei abhängig, sind die Arbeitsbedingungen und der Gesundheitszustand der *Cartoneros* extrem schlecht. Einige von ihnen haben aber auch in Zusammenarbeit mit Stadtteilversammlungen und (staatlich gegründeten und häufig weltbankfinanzierten) NGOs oder in selbstorganisierten Kollektiven (die meist aus älteren Stadtteilstrukturen oder früherer gemeinsamer Beschäftigung hervorgingen) einige Verbesserungen erwirkt: Es gibt (kostenpflichtige und schlechte) Sonderzüge für die *Cartoneros* und einige langfristigere Kooperativen, die zum Teil *Planes Trabajar* für ihre Mitglieder erwirkt und mit erstaunlichen Gewinnen eigene Zwischenhandelsstrukturen aufgebaut haben, die zum Teil auch ökologische Fragen thematisieren (Reynals 2003).

Die neue soziale Frage und ihre Verknüpfung mit den Themen Rassismus, Geschlechterverhältnisse und Menschenrechte

Nach Meinung von Battistini waren es diejenigen, die die Konsequenzen am härtesten zu spüren bekamen, die jetzt als Subjekte eines neuen Kampfes in Erscheinung traten (2004:33). Allerdings sind die Piqueteros, die sicherlich stigmatisiert waren und aus der sozialen Unterklasse kommen, keineswegs die ärmsten Bevölkerungsschichten. Sowohl im ländlichen Raum, insbesondere im Norden des Landes, als auch in den *Villas Miserias* in und um Buenos Aires sind die Lebensbedingungen noch einmal deutlich schlech-

---

[55] Diese neue Erwerbsquelle, die sich durch extrem schlechte hygienische Bedingungen, absolute Prekarität und durch die Abwesenheit rechtlicher Regelungen und jedweder Arbeits-, Sicherheits- und Unfallverhütungsstandards auszeichnet, wurde von Einzelpersonen und ganzen Familien erschlossen, die aus dem *Conurbano* mit Fahrrädern, Einkaufswagen, Pferdekutschen und jeder Art prekär motorisierter Gefährte nachts v.a. in Buenos Aires die Müllsäcke von Haushalten und Industrie öffnen. In der übergroßen Mehrheit erfolgt diese Tätigkeit nach der Logik des *Cuentapropismo*, das heißt, die Einzelnen versuchen individuell die »wertvollsten« Abfälle zu finden und gewinnbringend zu verkaufen (Reynals, 2003).

ter: Indigene Bevölkerungsgruppen und Migranten aus anderen lateinamerikanischen Ländern sind hiervon besonders betroffen. In beiden Territorien und unter den genannten Gruppen entwickelten sich keine spezifischen politischen Organisationsformen oder stärkerer Aktivismus, wenn auch einige *Villa*-Bewohnern bei den Piqueteros aktiv sind.[56] Ebenso kam es nicht zur Thematisierung des gesellschaftlichen Rassismus. Die illegalisierten Einwanderern v.a. aus Bolivien hatten keinen spezifischen Anteil an den neu entstandenen Bewegungen. Allerdings stellen Grimson und Kessler fest, dass rassistische Argumentationsmuster in der öffentlichen Meinung, insbesondere aber auch bei Gewerkschaftsfunktionären und peronistischen Politikern, seit ca. 2000 deutlich rückläufig sind. Die ethnische Zuschreibung »bolivianos« war Mitte der 1990er Jahre entstanden und hatte die alte Kategorie »negros«, die einst gleichbedeutend war mit Unterschicht und Anhänger des Peronismus, abgelöst. Im Einwanderungsland Argentinien wurde in den 1990er Jahren v.a. die bolivianische Immigration als Problem definiert, als Ursache von Arbeitslosigkeit und Armut ausgemacht und in rassistischen Kampagnen der Anstieg der Kriminalität auf die wachsende Einwanderung aus anderen lateinamerikanischen Ländern zurückgeführt – obwohl weder die Einwanderung faktisch gestiegen war, noch mehr Kriminalität von den stigmatisierten Bevölkerungsgruppen ausging. Waren in den v.a. gewerkschaftlichen Mobilisierungen der 1990er Jahre gegen den Arbeitsplatzabbau noch rassistische Komponenten enthalten, schaffte es die Piquetero-Bewegung, diese Spaltungslinie zu überwinden – die »ethnische Herkunft« spielte innerhalb ihrer Organisationen keine Rolle (Grimson/ Kessler 2005).

Sowohl in den früheren Stadtteilbewegungen als auch in der Piquetero-Bewegung und den Stadtteilversammlungen waren Frauen überproportional engagiert. Häufig wussten die Aktivistinnen ihre Frauenrolle so einzusetzen, dass ihnen eine hohe symbolische Kraft und viel Aufmerksamkeit zuteil wurde, die eine Identifizierung mit ihnen für viele soziale Gruppen zuließ. In existenzbedrohenden Situationen entwickelten die Frauen der

---

[56] Die asentamientos im *Conurbano* zeichnen sich zwar auch durch schlechte Lebensbedingungen aus. Dennoch betonen die Menschen dort, dass das Leben in den *Villas* noch einmal deutlich schlechter ist. In den *Villas* sind die Häuser direkt ineinander gebaut, zahlreiche Familien leben in einem Haus, Drogenprobleme prägen den Alltag des Viertels. Aus den *Villas* haben sich während der Krise wenige Menschen engagiert, eigene Ausdrucksformen des politischen Protests gab es nicht, Korruption und Klientelismus gelten als besonders ausgeprägt (Auyero 2001: 165ff.).

Die neue soziale Frage

verschiedensten Bewegungen eine beeindruckende Mobilisierungskraft. Auffällig ist auch, dass sehr viele politisch aktive Frauen unterschiedlichster Bewegungen und Organisationen als Grund für ihren politischen Aktivismus angeben, dass sie ihre Kinder ernähren müssen.

Insbesondere in der Formierungsphase der Erwerbslosenbewegung spielten Frauen eine wichtige Rolle, denn während die Männer sich eher dafür schämten, arbeitslos zu sein, begannen sich die Frauen in Nachbarschaftsversammlungen auszutauschen und zu organisieren.[57] Häufig führte dies zu »häuslichen« Konflikten, weil die Männer mit dem Engagement »ihrer« Frauen nicht einverstanden waren, wenn es über die reine Selbstorganisation, um die alltäglichen Probleme der Armut besser zu bewältigen, hinausging. Nach Einschätzung von Alicia Rivero kam es vor dem Hintergrund der Wirtschaftskrise zu einer drastischen Zunahme von häuslicher Gewalt – offizielle Zahlen zu dem Thema existieren allerdings nicht (Rivero 2004:

---

[57] Als Erklärung ließe sich anführen, dass der starke Anstieg der Arbeitslosigkeit die männlichen Rollenzuschreibungen in die Krise brachte. Arbeit war über die ökonomische Bedeutung hinaus auch immer identitätsstiftendes Moment. Mit dem Arbeitsplatz verliert eine Person nicht nur ihre Subsistenzgrundlage, sondern auch ein Bezugssystem aus dem sie bisher (höchst wahrscheinlich) in erster Linie ihre Identität konstruiert hat. Frauen reagieren auf den sozialen Abstieg daher anders als Männer. Während Männer sozialisationsbedingt mit der Krise ihrer Ernährerrolle eher in Depressionen verfallen oder zum Alkoholismus neigen, verbergen Frauen die soziale Not weniger. Sie schrecken nicht davor zurück, sich mit anderen auszutauschen und in kollektiver Form konkrete Probleme anzugehen. Die soziale Rolle Hausfrau muss nicht so sehr als eine auf Haushalt reduzierte und wenig qualifizierte Tätigkeit betrachtet werden, sondern kann auch als Organisatorin eines sozialen Gefüges (der Familie und ihrer Umwelt) gesehen werden, dessen Zusammenhalt gepflegt werden muss. Dazu ist ein hohes Maß an Koordination, menschlichem Geschick und affektiver Arbeit nötig. Diese Betrachtungsweise lässt die Anerkennung eines geschlechtsspezifischen sozialen Kapitals zu, das den Protagonismus der Frauen in den Bewegungen – im Kontext ihres steigenden Selbstwertgefühls aufgrund der Ernährerinnenrolle – leichter verständlich macht. Außerdem setzt ihnen die Prekarisierung der Arbeitsverhältnisse weniger zu als den Männern, da sie schon immer unter ungeschützten Bedingungen arbeiten. Mit dem Prekarisierungsprozess hat analog zum lateinamerikanischen Trend auch in Argentinien eine Angleichung der männlichen Arbeitsbeziehungen an die Positionen stattgefunden, denen erwerbstätige Frauen immer schon ausgesetzt waren. Hinzu kommt, dass die Frauen der Unterklasse kaum massenhaft als politische Akteurinnen in Erscheinung getreten sind – lediglich innerhalb des Peronismus wurde versucht, sie von ihrer traditionellen Rolle her einzubinden. Sie hatten in den letzten Jahrzehnten keine eigenen politischen Artikulationen und somit haben sie weder einen Verlust von Organisationen und Ansprechpartnern zu »beklagen«, noch alte Einbindungsmechanismen (außer dem tradierten Geschlechterverhältnis), die sie vom Engagement abhalten.

13). Dass diese Konfliktlinien auch in den Bewegungen über die Jahre deutlicher in Erscheinung treten, könnte auch eine Erklärung dafür sein, warum auf dem nationalen Frauentreffen 2005 so viele Aktivisten der sozialen Bewegungen und insbesondere der Unterschichten anzutreffen waren.[58] In den armen Bevölkerungsgruppen waren die Frauen zunächst insbesondere in Suppenküchen und Kindertagesstätten sowie beim Aufbau produktiver Projekte treibende Kräfte.

Gleichwohl fällt auf, dass sich die geschlechtliche Arbeitsteilung reproduziert. Während sich die Frauen v.a. in den Bereichen der klassischen Stadtteilarbeit engagieren, dominieren in repräsentativen Funktionen und in der abstrakten politischen Analyse Männer, insbesondere in parteinahen Organisationen und v.a. den linken Parteien. Dennoch stellt das Engagement die bisherige Rolle und auch die peronistische Einbindung radikal in Frage und könnte dauerhafte Veränderungen in den Geschlechterverhältnissen nach sich ziehen.

Di Marco u.a. sehen die Tendenz, dass die Frauen solidarische Projekte mit politischen Inhalten realisieren und weder assistenzialistische Arbeit vorschlagen noch aus »mütterlichem Altruismus« handeln, sondern ihren Aktivismus als Eintreten für soziale Gerechtigkeit sehen. Damit entfernen sie sich von der ideologischen Vorstellung über »weibliche Verhaltensweisen«. Auch wenn die Mehrheit der 70 befragten *asambleistas* Geschlechterverhältnisse nicht in Dimensionen von Unterdrückung und Diskriminierung beschreibt, lösten die Stadtteilversammlungen einen Lernprozess aus, der die Frauen als gleichberechtigte Akteurinnen im öffentlichen Raum anerkannte (Di Marco 2003: 127ff.). Zudem partizipierten zahlreiche Frauen

---

[58] Beachtlich ist das Interesse an den Nationalen Frauentreffen, an denen im August 2003 über 10.000 Frauen teilnahmen, die das Recht auf Abtreibung und die Verfügungsgewalt über den eigenen Körper einforderten (OSAL 2003: 106). Seither stieg die Zahl noch: Trotz massiver Gegnerschaft der katholischen Kirche nahmen im Oktober 2005 an einer Demonstration im Rahmen des Treffens mit dem gleichen Thema über 32.000 Frauen teil (pagina 12 v. 14.10.05). Besonders beachtlich war die starke Präsenz von Frauen aus den sozialen Bewegungen und den unteren sozialen Schichten, wodurch viele feministische Themen mit klassenspezifischen Fragen verknüpft wurden und u.a. Auslandsschulden, Armut und Geschlechterrollen bei politischen Aktionen so stark wie noch nie thematisiert wurden. Seither gewann die Kampagne für das Recht auf sichere, kostenlose und legale Abtreibung an Schwung und fand ihren Abschluss am 25.11.05, als 100.000 Unterschriften von einer Vielzahl von Organisationen dem Kongress vorgelegt wurden.

mit feministischen Überzeugungen in den unterschiedlichen Bewegungen, um Frauenrechte als Teil der Forderungen einzubringen. Sie boten zahlreiche Kurse an, die ein Bewusstsein über geschlechtsspezifische Fragen entstehen ließen (ebd.). Auch in der Bewegung besetzter Betriebe waren Frauen aktiv (insbesondere in den Firmen Grissinópoli und Brukman). Auch hier hat die Partizipation an den kollektiven Aktionen die Wahrnehmung der eigenen Möglichkeiten verändert und ist zum Teil »ein Weg ohne Umkehr« hin zur stärkeren Betonung der eigenen Rechte und mehr Gleichberechtigung im Alltag geworden (Di Marco 2003: 131f.).

Außerdem erlangten Proteste gegen Menschenrechtsverletzungen seit Mitte der 1990er Jahre wieder zunehmend an Bedeutung, da sie neben den Menschenrechtsverletzungen der Vergangenheit auch die Aufklärung und Bestrafung aktueller polizeilicher Repression und Misshandlungen in den Gefängnissen forderten. Der Kampf gegen die Straflosigkeit *(Impunidad)*, der sowohl Repression gegen sozialen Protest als auch die fehlende Aufarbeitung der Vergangenheit und die mangelnde Aufklärung verschiedener Todesfälle umfasste, bildete somit die Klammer, die eine Annäherung zwischen den entstehenden sozialen Bewegungen und dem Engagement für Menschenrechte ermöglichte (Pereyra 2005: 166ff.).

Ohne zu einer bestimmten Bewegung zu werden, artikulierten sich auf ambivalente Art und Weise immer wieder Proteste gegen Korruption innerhalb von Polizei und Justiz sowie gegen die urbane Unsicherheit. Dass die Menschen, die dem Aufruf des Unternehmers Blumberg folgten, dessen Sohn ermordet wurde, teils Zivilcourage, teils mehr Polizeipräsenz und längere Haftstrafen, teils bessere Lebensbedingungen der Ärmsten forderten, zeigt bereits das Spektrum dieses Protests, der faktisch zu einer Verschärfung der Sicherheitsgesetze führte. Viele kleine Gruppen wie H.I.J.O.S., CEIL oder andere Menschenrechtsorganisationen sind auch gegen die weiterhin existierende krasse Korruption und Tötungsbereitschaft der Polizei vor allem in den Armenvierteln (gatillo facil) aktiv, können aber keinen großen Rückhalt in der Mehrheitsbevölkerung verbuchen. Sie schaffen es nicht, die Debatte so zu verschieben, dass die polizeiliche Repression und Korruption gerade gegen die Unterschichten Gegenstand der Kritik werden (Pereyra 2005). Die sozialen Bewegungen hingegen beklagen die zunehmende Kriminalisierung des sozialen Protests – um die 4.000 Verfahren gegen Aktivisten sind anhängig. Zwar hatte Kirchner bei Amtsantritt die Einstellung der Verfahren versprochen, erfolgt ist sie bisher jedoch nicht (Svampa/ Pereyra 2005: 356).

In dem Themenkomplex Sicherheit und Unsicherheit liegt ein hohes gesellschaftliches Konfliktpotential, das sich bisher in unterschiedlichsten Formen artikuliert hat und dessen weitere Thematisierung zu erwarten ist.

Zusammenfassend lässt sich festhalten, dass die neu entstandenen sozialen Bewegungen, die vor dem Hintergrund der sozialen Destrukturierung der 1990er Jahre entstanden, v.a. auf der Suche nach neuen Subsistenzformen gewesen sind. Während Piqueteros und Betriebsbesetzer widerständige Identitäten entwickelten, blieb das Phänomen der Cartoneros und der Tauschringe ein individueller und zeitlich begrenzter Versuch, auf die ökonomische Krise zu reagieren. Sie waren zwar ebenso massenhafte Phänomene, die in einem begrenzten Maß mit Selbstorganisierung verbunden waren (einzelne Cartonero-Kollektive, Verhandlung zugunsten eines Sonderzugs für Kartonsammler; Organisierung der Lokalitäten und Infrastruktur für die *clubes de trueque*), haben aber nur eine sehr geringe Zahl der Mitwirkenden in solche Organisierungsprozesse einbinden können. Die urbane Rebellion von 2001 wurde von den verarmten Mittelschichten getragen, denen in den *Cacerolazos* und *asambleas* der Verarmungsprozess der Gesellschaft und ihres eigenen Umfeldes als kollektives Phänomen bewusst wurde. Auch diejenigen, die bisher auf der Gewinnerseite gestanden hatten, waren vom *Corralito* negativ betroffen. Sie artikulierten ihre Wut über das Scheitern des neoliberalen Modells nicht zuletzt deshalb so drastisch, weil sie selbst so lange dessen Traum geträumt hatten.

Die Plünderungen der Supermärkte im *Conurbano* sind für den Rücktritt des Präsidenten jedoch genauso ausschlaggebend gewesen. Hier manifestierte sich, dass Hunger in dem Argarexportland Argentinien zum Alltag gehörte. Darin liegt eine Parallele zu den Anfängen des Protestzyklus: Auch 1989 war Alfonsin nach Supermarktplünderungen zurückgetreten (Grimson/Kessler 2005: 154). Doch anders als früher reagierte die Mittelklasse mit einer umfassenden Mobilisierung auf den Ausnahmezustand und solidarisierte sich mit den Unterklassen. Dies wäre wohl undenkbar gewesen, wenn sie sich nicht zeitgleich selbst einer materiellen Deklassierung und der Erosion ihres Aufstiegsversprechens gewahr geworden wäre. So waren die Jahre 2002 und 2003 von einer Annäherung der verschiedenen Bevölkerungsgruppen geprägt, wobei sich die Akteure stets bemühten, mit universalistischen Kategorien wie »Bürger«, »Argentinier« und »Personen« nicht als Angehörige bestimmter Klassen und Interessengruppen spezifische Forderungen zu artikulieren, sondern universalistische Bezüge benutzten (Armony/Armony 2005: 35f.).

Dennoch war die Absage an das politische Modell wenig dauerhaft, da sich kein gemeinsames Projekt der unterschiedlichen Akteure herausbildete, die in den Jahren 2001-2003 schon fast zu einer einzigen Protestbewegung verschmolzen waren. Der Protest der Mittelklassen wurde durch den Wirtschaftsaufschwung gebremst – diese Bevölkerungsgruppen erlebten reale Verbesserungen ihrer sozialen Situation seit 2001. Nicht vergessen werden sollte allerdings, dass ein Großteil der *sectores populares* sich hingegen durchgehend an individuellen Problemlösungen orientierte (in prekärer Erwerbstätigkeit, über klientelistische Strukturen etc.) ebenso wie die Mehrheit der Mittelklassen.

Die Piqueteros wurden durch die materiellen Zugeständnisse (Vervielfältigung der *Planes* und Nahrungsmittelpakete) und den weiteren Ausbau und die Bevorzugung der klientelistischen Strukturen weitgehend eingebunden. Die Dialogbereitschaft der Regierung Kirchner, bedeutende Veränderungen im Menschenrechtsbereich und eine Orientierung auf lateinamerikanische Zusammenarbeit sowie die (insbesondere verbale) Abkehr vom Neoliberalismus brachten der Regierungspolitik breite Zustimmung. Lediglich Teile der Piqueterobewegung und der besetzten Betriebe haben als Bewegungen eine längerfristige Perspektive, wobei die eigenen Subsistenzformen von entscheidender Bedeutung für die organisatorischen Kontinuitäten gewesen sind. Allerdings besteht die Gefahr für die Bewegungen, sich so stark auf Stadtteilarbeit und konkrete Problemlösungen in ökonomisch sehr bescheidenem Ausmaß zu konzentrieren, dass die politische Forderung nach gesellschaftlicher Umverteilung und Gerechtigkeit aus dem Blickfeld gerät und sich neue personelle Abhängigkeiten und assistenzialistische Strukturen festigen.

Die abnehmende Solidarität, die Kriminalisierung des Protests und die »Normalisierung« des Landes haben die regierungskritischen Bewegungen in die Defensive gebracht. Die Teile der Bewegung, die den Regierungskurs unterstützen, sind zur sozialen Basis des Kirchnerismus geworden, wobei auszuloten sein wird, inwiefern ihre politischen Forderungen in dieses bisher eher in diffusen Umrissen sich abzeichnende Konzept eingehen und Durchsetzung finden könnten.

Dennoch hat der letzte Protestzyklus neben einer Vielzahl von Organisationen kulturelle und soziale Veränderungen hervorgebracht, die der gesellschaftlichen Desintegration der 1990er Jahre entgegenstehen. Im Bereich der Geschlechterverhältnisse sowie im Abflauen rassistischer Argumentationen und Spaltungslinien hat die Dynamik der Proteste emanzipatorische

Entwicklungsprozesse angestoßen. Viele Menschen haben ihre persönliche Handlungsfähigkeit und ihren Horizont erweitern können und neue soziale Netze sind entstanden, die im Falle einer erneuten Krise als Erfahrungen und Strukturen andere Ausgangsbedingungen politischer Mobilisierung bieten könnten. Auch Fortschritte in der Aufarbeitung der Vergangenheit und die nun mögliche Bestrafung und gesellschaftliche Ächtung der Täter, die Ausweitung der Sozialpläne und Veränderung des politischen Stils sind mittelbar positive Ergebnisse dieses Protestzyklus.

5. Ausblick und Perspektiven

Zur kurz- und mittelfristigen ökonomischen Entwicklung

Die ökonomische Entwicklung seit der Krise, vor allem seit 2003, war von hohen Wachstumsraten und einem gewissen Erholungs- und Normalisierungsprozess gekennzeichnet. Nach drei Jahren BIP-Wachstum von jeweils ca. 9% scheint auch im vierten Jahr (2006) nach den bisherigen Prognosen keine wesentliche Abschwächung einzutreten. Eine abermalige Steigerung des Wachstums um ca. 8% wird mit einiger Sicherheit prognostiziert. Der bisherige Höchststand des Pro-Kopf-Einkommens vom 2. Quartal 1998 ist nach dem ersten Quartal 2006 deutlich überholt worden, d.h. »die Phase der Erholung« endete mit dem Jahr 2005 und die Periode »echten Wachstums« begann mit dem Jahr 2006 (Argentinisches Tageblatt vom 20.5.2006: 8).

Die kumulative Zunahme des BIP über fast vier Jahre hinweg um 40% basierte auf verschiedenen Elementen, die in naher Zukunft teilweise oder gänzlich fehlen werden. Da eine diese Situation in Rechnung stellende mittel- oder gar längerfristige, strategische Planung der Kirchner-Regierung nicht (oder nur bruchstückhaft und auf widersprüchliche Weise) zu erkennen ist, sind die Zukunftsperspektiven unsicher.

Die beeindruckende Revitalisierung der Ökonomie beruhte auf internen und externen Faktoren und bestimmten Politiken. Intern dürften maßgeblich gewesen sein:
- große unausgelastete Kapazitäten,
- Anlagen und Resultate der Modernisierungsprozesse aus der dynamischen Zeit der Menem-Ära (ca. 1992-94)
- sehr niedriges Lohnniveau
- ansteigende innere Nachfrage aufgrund aufgeschobener Bedürfnisbefriedigung im Gefolge der Krise,
- Eindämmung der Profitansprüche ausländischer Konzerne (vor allem im Infrastrukturbereich und im ehemaligen »öffentlichen Sektor«)

Extern beruhte der konjunkturelle Aufschwung vor allem auf:
- hohen Weltmarktpreisen für Soja, Weizen und Fleisch (den argentinischen Hauptexportprodukten),
- geringeren Schuldendienstleistungen infolge der einseitigen Kürzung der Gläubigeransprüche (Senkung des Schuldendienstes von 5% des BIP im Jahre 2001 auf 2% in den nachfolgenden Jahren),

- einem kontrollierten niedrigen Wechselkurs, der die Exporte begünstigte und die Importe in Grenzen hielt.

Angesichts der beeindruckenden volkswirtschaftlichen Kennziffern gerät oft in Vergessenheit, dass in wichtigen Sektoren auch heute noch nicht der Produktionsstand von 1998 (also vor der Krise) erreicht ist. So lag z.B. die Kfz-Produktion 2005 mit etwa 300.000 Einheiten um etwa 20% unter dem Level von 1998 (458.000 Einheiten). Ähnliches gilt beispielsweise auch für die Investitionsgüter-Importe. Trotz einer Steigerung um ca. 33% im Jahre 2005 lagen die Ausrüstungskäufe in US-$ in diesem Jahr noch um ca. 15% unter dem Wert von 1998 (Bundesstelle für Außenhandelsinformationen, bfai 2006, S. 6 und 10).

Auch haben beispielsweise die Kredite im Jahre 2005 zwar um 30% zugenommen, doch liegen sie mit ca. 10% des BIP international gesehen auf einem sehr niedrigen Niveau bzw. haben noch nicht einmal die Hälfte des Standes von vor der Krise erreicht. Ein großer Teil der Kredite wird für die Finanzierung von Konsumgütereinkäufen verwendet. Die Investitionsgüter wurden in den vergangen drei Jahren fast ausschließlich aus Eigenmitteln und Reserven getätigt. Zwar ist die Arbeitslosigkeit im Gefolge des Wachstums von ca. 23,3% Mitte 2002 auf 14% bis 10% (je nach Quelle: Miceli 2006: 10,1%; Godio 2006: 14,5%) zurückgegangen, aber dabei gilt es zu bedenken, dass nur etwa 20% der formellen Lohnabhängigen einen Lohn erreichen, der als alleiniges Einkommen für eine vierköpfige Familie ausreicht, um sie oberhalb der Armutsgrenze zu platzieren (Godio 2006). Die Armutsquote konnte dennoch infolge vermehrter Erwerbsmöglichkeiten von 57% (2002) auf etwa 34% im Jahre 2006 gesenkt werden (Miceli, 2006).

Damit sind auch schon wichtige Problempunkte der weiteren kurz- und mittelfristigen Entwicklung angesprochen: Zum einen haben sich einige Ausgangsbedingungen (im Vergleich zur tiefsten Krisenphase) verändert, so dass ab nun andere Politiken notwendig werden. Zum anderen sind einige bisher verfolgte Politiken für eine durchgreifende Neuorientierung im Sinne eines »neo-desarrollistischen« (J. Godio) und sozial ausgleichenden Projekts bislang nur mäßig erfolgreich gewesen, d.h. sie müssten revidiert oder intensiviert werden.

Nicht wenige Beobachter weisen auf mögliche Engpässe bzw. Gefahrenmomente für die argentinische Ökonomie hin. Manche warnen vor einer weiteren Erhöhung der Inflationsrate, die sich in der Tat von 2004 (6%) mit 12,3% im folgenden Jahr mehr als verdoppelt hat; dies sind in einem traditionell von Hyperinflationsperioden geplagten Land wichtige Warnsignale.

Andere verweisen auf mögliche Energieengpässe in ein oder zwei Jahren, da seit der Krise praktisch keine größeren Investitionen getätigt wurden. Auch die unkontrollierbare Entwicklung des Preisniveaus von Rohstoffen und Agrarprodukten auf dem Weltmarkt oder auch die immer noch für ein hohes und dauerhaftes Wachstum zu niedrige Investitionsquote werden in diesem Zusammenhang genannt. Zudem wird gelegentlich zu bedenken gegeben, dass die Fiskalüberschüsse und die positive »Bilanz der laufenden Posten«, wie sie während der Jahre der Erholung regelmäßig zu verzeichnen waren, sich verkleinern oder gar ins Gegenteil umschlagen könnten.

In der Tat kann ein stabiles oder nachhaltiges Wachstum für die nahe Zukunft nicht vorausgesagt werden, zumal wichtige Parameter der argentinischen Wirtschaftsstruktur sich gegenüber der Vorkrisenperiode nicht entscheidend verändert haben. Allerdings sind die genannten Schwachpunkte der zukünftigen Entwicklung der argentinischen Ökonomie keineswegs so unstrukturiert und unzusammenhängend, wie das ihre bloße Aufzählung nahe legt. Zentral scheint der Umstand zu sein, dass die funktionale Einkommensverteilung seit den 1970er Jahren und vor allem im Kontext der neoliberalen Ära der 1990er Jahre sich stark zu Ungunsten der Lohneinkommensbezieher (und auch der Einkommensbezieher auf »eigene Rechnung«) und zu Gunsten der Gewinneinkommen entwickelt hat. Dabei setzten sich die relativ und absolut wachsenden Gewinneinkommen allerdings – und das ist entscheidend – nicht in erhöhte Investitionsquoten, sondern in einen stärkeren Konsum der Vermögensbesitzer um. »Während die Relation von Bruttoinvestitionen zum BIP zwischen 1993 und 2004 praktisch gleich geblieben ist, hat sich der Anteil der Kapitaleigner am gesamten Einkommen [Volkseinkommen] um annähernd ein Drittel erhöht« (Lindenboim u.a. 2006: 86f.). Das Auseinanderklaffen von wachsenden Gewinnquoten einerseits und geringeren oder stabilen Investitionsquoten andererseits offenbart eine zentrale Schwachstelle für die Weiterentwicklung der argentinischen Ökonomie.

Der Anstieg des Konsums der Kapitaleinkommensbezieher oder der Transfer von weiteren Gewinnanteilen ins Ausland verhindern eine höhere Investitionsquote und damit eine Entfaltung einer diversifizierteren Wirtschaftsstruktur, die wiederum die Abhängigkeit der argentinischen Ökonomie von Agrar- und Rohstoffprodukten (mit schwankenden Preisen auf dem Weltmarkt) oder von Kreditanleihen auf den internationalen Finanzmärkten entscheidend verringern könnte. Die staatlichen Anteile an den Investitionen sind in Argentinien, vor allem seit Beginn der neoliberalen Ära der

1990er Jahre, besonders gering (z.B. machten sie 1996 und im Jahre 2000 nur 6,4% der gesamten Investitionen aus) und stiegen nach der Krise auf ca. 9% im Jahre 2004 an (Lindenboim u.a. ebd.). Hier müsste eine durchdachte mittelfristige Politik ansetzen und versuchen, über eine Investitionssteigerung und eine Umstrukturierung des Exportsortiments die Abhängigkeit von Rohstoff- und Lebensmittelexporten (Fleisch und Weizen) zu überwinden, d.h. es müssten systematisch Investitionen in bestimmten industriellen Sektoren mit Exportchancen vorgenommen werden (Bekerman/Sirlin 2006). Außerdem könnten – im Sinne einer strategischen Umorientierung – große Teile der Infrastruktur, vor allem im Transportbereich, im Bildungs- und Gesundheitswesen, in der Forschung, im Bereich sonstiger so genannter öffentlicher Güter, wo große Defizite entstanden sind, durch Investitionen erneuert und erweitert werden. Dies könnte zugleich auch einen Beitrag für eine notwendige Stärkung der interindustriellen und intersektoralen Verflechtungen bieten, welche wiederum für eine kontinuierlichere Entfaltung des Binnenmarktes vonnöten sind. Es ist eine offene Frage, ob es Kirchner und seiner Regierungsmannschaft gelingen kann, eine solche Politik, die von manchen als »neodesarrollistisch« bezeichnet wird, unter Einbeziehung kleinerer und mittlerer Unternehmer umzusetzen. Gegenwärtig scheinen nicht nur die großen und ausländischen Kapitale eine distanzierte Haltung zum Kirchner-Kurs einzunehmen, sondern auch beträchtliche Teile der kleinen und mittleren Unternehmer, obwohl gerade sie von der Wiedererholung und der stärkeren Beachtung des Binnenmarktes durch die Wirtschaftspolitik profitiert haben. Die Auseinandersetzungen hierüber sind keineswegs abgeschlossen oder eindeutig entschieden. Es ist bemerkenswert, wenn selbst konservative, eher neoliberale Wirtschaftsanalytiker zu dem Ergebnis kommen, dass die Umsetzung der aktuellen Empfehlungen des IWF und seines Generalsekretärs, Rato, Argentinien solle den Wechselkurs deutlich aufwerten (von gegenwärtig 3 Pesos auf ca. 2,40 Pesos pro US-$), die Zinssätze erhöhen und die Staatsausgaben verringern, einem »Selbstmord« der Regierung und des Wachstumsprozesses gleichkommen würde (Arg. Tageblatt vom 6.5.2006).

Diese als Inflationsbekämpfungs- oder als Stabilisierungsmaßnahme empfohlene Linie des IWF würde die gegenwärtige Konstruktion der Wirtschaftspolitik völlig unterminieren und zu einem Rückschlag des Erholungsprozesses führen. Die Aufwertung des Wechselkurses würde die Exporte einschränken, die Exportsteuern (die zu einem großen Teil für sozialpolitische Ausgaben zur Verfügung stehen) senken, die Importe erhöhen und damit die gerade wieder Tritt fassenden kleinen und mittleren Betriebe gefährden. Sowohl das Anheben der Zinssätze als auch die Kürzung der Staatsausgaben würden vor allem rezessive Wirkungen entfalten und damit die ungelösten Probleme von Arbeitslosigkeit und Armut ein weiteres Mal verschärfen.

In anderen Bereichen steht die Wirtschaftspolitik Kirchners stärker in der Kritik, und zwar sowohl von konservativer als auch von linker Seite. Konservative Kommentatoren werfen Kirchner vor, durch die Fixierung der Preise für Elektrizität, Wasser, Transporttarife etc. Investitionen u.a. in den Energiesektoren konterkariert bzw. aufgehalten zu haben. Auch, dass erst jetzt zwei große Wärmekraftwerke gebaut, der Staudamm von Yacyreta erhöht und ausgebaut werden sollen und das Atomkraftwerk Atucha II erst 2008 lieferbereit sein soll, wird als nicht zu verantwortende zeitliche Verzögerung der Energiepolitik gegeißelt. Auch die Linke wirft Kirchner vor, dass die Ankündigung, ein öffentliches Energieunternehmen (ENARSA) zu gründen und damit die staatliche Kontrolle über den Energiebereich wieder zu erhöhen, völlig unzureichend ist. Ein nachhaltiger Einfluss auf die Energieversorgung sei mit der bisherigen personellen und finanziellen Ausstattung nicht zu erreichen.

Noch deutlicher fällt die konservative Kritik an der in den letzten beiden Jahren expansiven staatlichen Ausgabenpolitik aus, womit aber indirekt auch darauf verwiesen wird, in welchen Feldern u.a. die gegenwärtige Regierung gegenzusteuern sucht. »Die Regierung schafft kontinuierlich unnötige Ausgaben, sei es durch die Inbetriebnahme von stark defizitären Personenzügen ins Landesinnere, durch die Zuwendung von Mitteln für rückverstaatlichte Unternehmen wie das Kohlenbergwerk von Rio Turbio und die Wasserversorgung in Buenos Aires und Umgebung. Außerdem werden die Subventionen für Strom und den städtischen Personentransport ständig erhöht, um Tariferhöhungen zu vermeiden oder gering zu halten.« (Argentinisches Tageblatt vom 13.5.2006) Aus diesen und anderen Sachverhalten geht hervor, dass die Regierung Kirchner in mancherlei Punkten eine Abwendung von neoliberalen Prinzipien angesteuert hat.[59]

---

[59] So z.B. ist die nach der neoliberalen Irrlehre notwendige hohe Lohnspreizung während der Erholungsphase der Wirtschaft deutlich rückgängig gemacht worden (vgl. Lindenboim u.a., a.a.O., S. 80). Auch die Rentenpyramide hat sich unter der Regierung Kirchner deutlich abgeflacht, d.h. die Bezieher der Mindestrenten konnten in den letzten zwei Jahren eine reale Zunahme ihrer Alterseinkommen von 57% verzeichnen, während die höheren Renten in wesentlich geringerem Tempo angeglichen wurden.

Es könnte durchaus sein, dass die Jahre 2006/07 Wendepunkte in der ökonomischen Entwicklung und der politischen Konjunktur mit sich bringen. Die Phase der ökonomischen Erholung wird gegenwärtig als beendet betrachtet, und neue Politiken und längerfristige Entscheidungen stehen auf der Tagesordnung. Dafür braucht Kirchner und seine peronistische Strömung FPV eine möglichst breite Unterstützung, innerhalb und außerhalb des Peronismus, von Teilen der Unternehmerschaft bis weit ins »linke Lager« hinein. Die deutliche Legitimierung dieses Bündnisses in den Präsidentschaftswahlen vom Oktober 2007 wäre die politische Ausgangsbasis für ein klareres, neodesarrollistisches, keynesianisches, sozialstaatlich-umverteilendes Projekt, das deutlichere Konturen trägt als bisher. Ein solches Projekt, das von der Regierung nicht explizit formuliert oder ausgesprochen wird, das höchstens informell und in ähnlichen Zügen im »Plan Fenix«, der von Ökonomen, Intellektuellen, Gewerkschaftern und Politikern des Landes verfolgt und propagiert wird, Gestalt angenommen hat, könnte aber just in der Phase, in der es systematischer angegangen wird, auf besondere Schwierigkeiten stoßen.

Zum einen besteht die Gefahr, dass es nach fünf bis sechs Jahren konjunktureller Aufwärtsentwicklung quasi zyklisch-gesetzmäßig zu einem konjunkturellen Abfall kommt, der zudem von stärkeren unternehmerischen Oppositionsbekundungen und praktischer Kritik gegenüber einer noch stärker ausgeprägten staatsinterventionistischen Politik begleitet wird (wozu momentan keinerlei Veranlassung besteht). Nicht zuletzt könnten beispielsweise inflationäre Schübe, kräftige Lohnerhöhungen und eine eventuelle Energiekrise, die von nicht wenigen für diesen Zeitraum vorausgesagt wird, die Begleiterscheinungen einer solchen Entwicklungsvariante sein. Klare Neuorientierungen gegenüber dem neoliberalen Modell könnten auf diese Weise – trotz der nun verstärkten politischen Basis dafür – wieder konterkariert und in ein den realen Machtverhältnissen entsprechendes »Mischprodukt« transformiert werden.

Vielleicht muss man sich abgewöhnen, in klaren Modellen und Gegenmodellen zu denken und den Prozesscharakter und die leichteren oder deutlicheren Akzentverschiebungen der politischen und ökonomischen Regime stärker ins Auge fassen als auf weitergehende grundsätzliche Alternativen zu spekulieren oder zu warten. Selbst wichtige Veränderungen in dieser Richtung sind unseres Erachtens Veränderungen auf Abruf und von aktuellen Kräfteverhältnissen abhängig. Nur durch eine breitere nationale und internationale Verankerung solcher anti-neoliberalen Orientierungen (in zahlreichen alternativen Projekten, öffentlich-rechtlichen Unternehmen, genossenschaftlichen Einrichtungen oder neuen staatlichen Aktivitäten unter öffentlicher Kontrolle etc.) könnten klarere und dauerhafte Konturen eines Gegenmodells erreicht werden. Die zunehmende ökonomische und gesellschaftliche Koordination dieser Aktivitäten mit den Nachbarländern (z.B. im Rahmen des Mercosur) wird dabei eine zentrale Rolle spielen müssen.

Renaissance eines veränderten Peronismus?

Um einschätzen zu können, inwiefern Kirchner an traditionelle peronistische Politik anknüpft bzw. ob sein politisches Projekt, die bisherigen sozialen Kräfte, die es umfasst, und die Art der Einbindung sozialer Bewegungen und populärer Unterstützung etwas Neues darstellt, bedarf es eines kurzen Rückblicks auf andere Phasen des Peronismus.

In der ersten peronistischen Regierungsphase (1946-1955) wurde versucht, ein neues nationalistisches, staatsinterventionistisches und sozial inklusives politisches Projekt zu verwirklichen. Dieser »erste Peronismus« stützt sich im Wesentlichen auf städtische bürgerliche Sektoren und urban-industrielle Arbeiter, die in den vorangegangenen Jahren stark an Gewicht gewannen. Die populäre Unterstützung der Regierung, die durch große Mobilisierungen zum Ausdruck kam und weit über gewerkschaftliche sowie parteiförmig organisierte Anhänger hinaus ging, war eine wichtige Machtbasis der Regierung.

Im »zweiten Peronismus« hingegen (1973-76) dienten die Massenmobilisierungen eher dem Kräftemessen zwischen verschiedenen sich unversöhnlich gegenüberstehenden Strömungen (Sidicaro 2003). Häufig kam es zu heftigen, mitunter gewaltsamen Auseinandersetzungen innerhalb des peronistischen Lagers. Gleichwohl bezogen sich alle Strömungen durchweg auf Perón und seine erste Frau Evita, die eine außergewöhnliche Verehrung erfuhren und deren symbolische Integrationskraft hohe Bedeutung hatte. Die sozio-ökonomische Integration, die der erste Peronismus den populären Sektoren versprach, war mit einer symbolischen Politik verbunden, die die Arbeitswelt aufwertete und Gewerkschaftspolitik mit Legitimation ausstattete.

Im »dritten Peronismus« (der Amtszeit Menems 1989-99) ließ die starke Identifizierung mit dem Peronismus, der von der politischen Einstellung zur sozialen Identität avanciert war, deutlich nach. Trotzdem wählte ein Großteil der armen Bevölkerung traditionsgemäß die PJ und folgte in ihrer Mehrheit den gewerkschaftlichen Vorgaben, ohne selbst Ansprüche zu formulieren, obwohl der neue politische Kurs mittelfristig faktisch nur einem kleinen Kreis der Wählerschaft materiell zu Gute kam. Ein Großteil der sozialen Koalition des Peronismus aus früheren Zeiten war Menem in den 1990er Jahren treu ergeben, nicht zuletzt weil er sich auf die peronistischen Traditionen berief, und dabei zunächst glaubwürdig darstellen konnte, diese politischen Grundüberzeugungen an neue Zeiten und veränderte Verhältnisse anzupassen.

Der Peronismus hat unter Menem eine neue Klassenallianz generiert und traditionell anti-peronistische Kräfte aus dem Agrar- und Finanzsektor sowie die Gewinner der Umstrukturierungen innerhalb der oberen Mittelklasse einbinden können. Nicht so sehr die inhaltliche Übereinstimmung zwischen Menem und dem klassischen Peronismus, sondern vielmehr die Verwendung der gleichen Sprache und Phrasen mit hohem symbolischen Gehalt, die insbesondere geeignet waren, die Ärmsten anzusprechen, machen die Kontinuität aus.

Die »Errichtung sozialer Harmonie« und die »Versöhnung zwischen Kapital und Arbeit« sowie das Versprechen, Argentinien mittels Modernisierung durch die Anlockung ausländischen Kapitals, Privatisierungen und technologischen Fortschritt zu einem Land der ersten Welt zu machen, waren wichtige diskursive Elemente. Gerade während der ersten fünf Jahre seiner Regierung war der Kurs Menems im peronistischen Apparat wenig umstritten. Andere Positionen wurden marginalisiert und als Konspiration oder Unwissenheit diffamiert. Die lediglich punktuelle, gezielte Mobilisierung der Basis zur Unterstützung der Ziele der PJ, die ungenaue Benennung des sozialen Gegenspielers, die Diffamierung der Kritiker in den eigenen Reihen und die »Harmonisierung der sozialen Gegensätze von oben« kennzeichnen als Elemente klassischer peronistischer Politik den dritten Peronismus (Canelo 2002: 35ff).

Im Laufe der 1990er Jahre verlor der Peronismus jedoch unter den formell abhängig Beschäftigten an Identifikationskraft, während die arme Bevölkerung weiter zu seiner Wählerschaft zählte. Die politischen Weichenstellungen und die sozialstrukturellen Veränderungen der 1990er Jahre (Reduktion der Industriearbeiterschaft und Verarmungsprozesse) haben dazu geführt, dass immer mehr Bevölkerungsgruppen den CGT-Gewerkschaften und dem Peronismus als Basis abhanden kamen: (ehemals) staatliche Beschäftigte, Arbeitslose und prekär Beschäftigte. Diese Gruppen haben Anfang der 1990er Jahre neue Gewerkschaftsströmungen und einen neuen Dachverband (die CTA) getragen, der eng mit dem Aufkommen der neuen sozialen Proteste verbunden war.

Als 1999 dann die UCR gemeinsam mit der Frepaso an die Regierung kam, befand sich der Peronismus in einer internen Krise und wurde von einigen schon als Teil der Vergangenheit gesehen, der sich in erster Linie noch über Erinnerung an andere Zeiten zu legitimieren wusste.

»Seit 1945 bis in die 1980er Jahre, in denen die PJ ihre erste große Wahlniederlage hinnehmen musste, war der Peronismus durchgängig eine Orientierung, die die Kapazität hatte, die alltägliche, manchmal auch die politische und private Erfahrungswelt zu organisieren. Während der 90er Jahre hörte der Peronismus auf, das Artikulationsprinzip zwischen Arbeiteridentität, einem Nationalgefühl und popularem Bewusstsein zu sein. Jedes dieser drei Elemente für sich wurde geschwächt und löste sich zunehmend von den anderen: die Arbeiteridentität, die in Argentinien ohnehin relativ schwach war, kam in die Krise mit der Transformation des Arbeitsmarktes, der Prekarisierung und Instabilität der Arbeitsbeziehungen. Das Nationalgefühl löste sich auf, nachdem die alten Forderungen kein Korrelat in einem Programm der öffentlichen Politik fanden. Das populare Bewusstsein wurde schwächer, weil die soziale Heterogenität und die Ungleichheiten sich multiplizierten, während die ideologischen Differenzen sich nur noch auf Unterschiede darin beschränkten, wie Politik zu implementieren wäre, oder auf ethische Differenzen bei einem einheitlichen sozio-ökonomischen Modell« (Svampa 2005: 166f.).

Es schien, als ob der Peronismus die Kapazität verloren hätte, die diversen Dimensionen sozialer und politischer Erfahrung zu artikulieren. In dieser Weise ging seine Bedeutung als Mechanismus des sozialen Begreifens zurück, mit dem die popularen Sektoren Herrschaftsbeziehungen einordneten. Damit wurde auch eine bis dahin fast konsensuale und plebejische Art, die Welt »von unten ›zu sehen‹, geschwächt, womit eine Gegenkultur der verarmten Bevölkerung öffentlich nicht mehr wahrnehmbar war« (ebd.). Während und nach der großen Krise 2001 erlebte der Peronismus eine überraschende Renaissance,[60] obwohl zunächst die wichtigsten Akteure des Pro-

---

[60] In den Wahlen von 2001 deutete sich der erneute Aufstieg des Peronismus bereits an. Neben der schwachen Wahlbeteiligung ist die Tatsache bedeutend, dass die PJ stärkste Kraft wurde.

testes weitgehend autonom gegenüber den traditionellen politischen Parteien schienen (Lozano 2001: 9). Er war die einzige Kraft, die einigermaßen die politische Ordnung aufrechterhalten konnte, wobei Duhalde diesbezüglich erstaunliche Erfolge vorzuweisen hatte. Bei den Wahlen 2003 hat der Peronismus dann das politische Meisterwerk vollbracht, die »Krise der Repräsentation« in eine Entscheidung zwischen verschiedenen Flügeln der PJ zu transformieren. Die drei peronistischen Kandidaten (Carlos Menem, Néstor Kirchner und Rodriguez Saá) erhielten insgesamt eineinhalb Jahre nach der Krise 60% der Stimmen.

Ein wesentlicher Grund, warum der Peronismus trotz der Verschlechterung der makroökonomischen Daten seit 1995 auch in schlechten Zeiten auf mindestens ein Drittel bis zwei Fünftel der Bevölkerung als Stammwähler bauen kann und zudem während der Krise seine Bedeutung ausbaute, liegt zweifelsohne am Ausbau assistenzialistischer Strukturen während der 1990er Jahre, die in begrenztem Maße die Verarmung abfederten. Konkrete Unterstützungen wie Suppenküchen oder Zuschüsse wurden klar mit einem wachsenden Netzwerk lokaler PJ- Mitglieder (genannt punteros) in Verbindung gebracht (Levitsky 2001).

Während der Regierung Duhalde und später unter Kirchner versuchte der Peronismus die alte Beziehung zu den populären Sektoren, die sich früher durch tatsächliche Identifikation auszeichneten, wiederzubeleben und gleichzeitig die Handlungsspielräume der Stadtteil- und Piquetero-Organisationen einzuengen. Damit verschaffte die Krise von 2001 dem Peronismus paradoxerweise eine enorme historische Möglichkeit, durch die massive Ausweitung der *Planes* und Essenspakete wieder Zustimmung zu sichern und Piquetero-Organisationen wie die FTV und Barrios de Pie zu re-peronisieren.

Kirchner, der lange das Manko hatte, mit nur ca. 22% der Stimmen Präsident geworden zu sein und anfangs innerhalb des Parteiapparats kaum Anhänger hatte, schaffte es, seine Zustimmung in der Bevölkerung konstant zwischen 60 und 70% zu halten. Sukzessive gewann er mehr Parlamentarier für seine Politik und kann zunehmend auch auf die Unterstützung eines Großteils von Partei- und Gewerkschaftsspitzen zählen.

Galt er zunächst als Außenseiter und schwacher, eher konturloser Präsidentschaftskandidat, entwickelte er im Amt schnell Profil und einen eigenen Politikstil. Seine Gesprächsbereitschaft gegenüber den sozialen Bewegungen, die symbolträchtigen und bedeutenden Veränderungen im Menschenrechtsbereich, wie die Abgrenzung von den USA und die relative Härte gegenüber dem Währungsfonds, brachten ihm zunächst hohe Popularität und eher wohlwollende Presse. Beides wurde anfangs von vielen Beobachtern als volatil eingestuft, hat sich aber als wenig schwankend erwiesen. Während des Jahres 2004 und der ersten Jahreshälfte 2005 ging die Mobilisierungskraft der Kirchner-Anhänger innerhalb der sozialen Bewegungen deutlich zurück, während die regierungskritischen Kräfte an Zahl und Terrain gewannen.

Seit Mitte 2005 zeichnet sich eher der gegenteilige Trend ab: eine Mischung aus Nichtbeachtung und Kriminalisierung gegenüber den regierungskritischen Teilen, wie sie am deutlichsten in der Verweigerung des Zutritts der Piquetero-Demonstrationen im August 2005 zum Ausdruck kam, schadete Kirchners öffentlichem Ansehen keineswegs. Gleichzeitig setzt die deutliche materielle Bevorzugung Kirchner-loyaler Strömungen die Fundamentalopposition auf der Linken unter Druck.

Kirchner entschied sich die Senats- und Parlamentswahlen im Oktober 2005 zum Referendum über seine Politik zu erklären. Zwar ging seine Frau als deutliche Gewinnerin aus der Entscheidung in der Provinz Buenos Aires gegen die Konkurrentin Hilda Duhalde hervor – ehemals Sozialministerin, Ehefrau des Ex-Präsidenten und Kirchner-Gegenspielers. Auch in Bezug auf den Anteil der Gesamtstimmen erreichte seine »Wahlfront« bei den Wahlen zum Abgeordnetenhaus mit 40,1% ein gutes Ergebnis (im Vergleich zu 11% PJ in Opposition zu Kirchner) und konnte die meisten neuen Senatoren erreichen.

Dennoch verlor die PJ in der Stadt Buenos Aires gegen die neoliberale PRO (Propuesta Republicana) Macris und konnte trotz hoher Kampagnenkosten und -intensität sowie trotz Wahlpflicht nur 71% der Bevölkerung zur Stimmabgabe bewegen. Auch wenn Kirchner und seine Frau sich als klare Wahlsieger postulierten und zweifelsohne gestärkt aus den Wahlen hervorgegangen sind, blieb die Deutlichkeit der Unterstützung hinter den Erwartungen zurück, und eine außergewöhnliche Identifizierung oder Begeisterung seiner Anhängerschaft war nicht zu verzeichnen.

Parallel zur »Cumbre de los Americas« (Gipfeltreffen der Amerikas) im November 2005, bei dem sich die nord- und lateinamerikanischen Staatschefs trafen, unterstützte die Regierung Kirchner die »Cumbre de los Pueblos« (Gipfeltreffen der Völker), das zeitgleich in Mar de la Plata stattfand und sich gegen den Besuch Bushs und die ALCA-Verhandlungen aussprach, stattdessen eine solidarische lateinamerikanische Zusammenarbeit favorisierte. Auf dem offiziellen Treffen begründete Kirchner seine kritische Haltung zur ALCA mit dem Willen der Bevölkerung – die Mobilisierung seiner Anhängerschaft diente ihm also als politische Ressource.[61]

Zum dreijährigen Bestehen der Regierung mobilisierte diese zu einer zentralen Ansprache Kirchners auf dem Plaza de Mayo, die unerwartete Resonanz erzeugte: Nach offiziellen Angaben nahmen 350.000 Menschen an der Feierlichkeit teil.[62] Vorsichtigere Schätzungen datieren die Zahl der Anwesenden auf mindestens die Hälfte, was zweifelsohne die größte Mobilisierung der letzten Jahre bedeutet und zu einer intensiven Diskussion über die Wiederauferstehung der Peronismus in den argentinischen Printmedien führte (pagina 12 vom 26., 27., 28., 29., 30.5.2006).[63] Denn in der Tat reproduziert Kirchner Grundmuster des Peronismus:»Die Zurückweisung der sozialen Konflikte, um sie als staatliche Angelegenheiten zu bearbeiten, die Nostalgie der Einigkeit und der alten Begriffe, der autoritären Ruhe und

---

[61] De la Cueva beurteilt die Rolle der Cumbre de los Pueblos positiver: Für ihn orientierten sich die Regierungen, die dem nordamerikanischen Druck widerstanden, an der sozialen Mobilisierung, die ihre Stoßrichtung autonom und selbstbewusst definierte, statt um Gehör bei den Regierungschefs zu bitten (2006: 86ff.). Diese selbstbewusste Haltung erzeugte den Erfolg der sozialen Bewegungen, der sich in der Stagnation der ALCA und der Vertiefung der lateinamerikanischen Zusammenarbeit ausdrückt.

[62] Das entspricht der Zahl derer, die sich am 17.10.1945 versammelt hatten, um die Freilassung Peróns zu fordern. Dieser Tag ist zum Gründungsmythos des Peronismus geworden, da weit über die gewerkschaftlich und parteipolitisch organisierten Anhänger Menschen ins Zentrum von Buenos Aires kamen und ein bisher in der Öffentlichkeit ungekanntes plebejisches Bild politischer Willensbildung transportierten. Auch am 25.5.2006 überwog die Anzahl der Menschen aus urbanen Unterschichtsegmenten, die nicht mit den formalen peronistischen Strukturen angekommen waren. Der PJ-Apparat ist nach Angaben eines wichtigen Beraters des Präsidenten fähig, ca. 50.000 Menschen zu mobilisieren – alle anderen kamen auf anderen Wegen zum Ort des Geschehens (pagina 12 vom 28.5.2006).

[63] Aus radikalkritischer Perspektive präsentiert das Colectivo Nuevo Proyecto Histórico eine Interpretation der Geschehnisse: Das Spektakel des 25.5. kann in erster Linie als Selbstinszenierung der Eliten einer »neuen politischen Klasse« verstanden werden. Der noch lebende Teil des Bürokratismus diszipliniert von oben mit Mechanismen zentralisierter Kontrolle.»Kirchner des-konstituiert den ganzen Prozess der Rebellion, des Widerstands und des Kampfes, der im Dezember 2001 geboren wurde... Kirchner ist die populistische Antwort auf die Krise des Parteienstaats, die seit 2001 latent vorhanden ist ... Die Aufgabe Kirchners besteht aus Sicht des Kapitals darin, dass er die Legitimität und den zerstörten historischen Block wiedererrichtet (die neue Klassenallianz heißt heute transversal), die ›Arbeiteraristrokratie‹ dominiert, die Bewegung der Erwerbslosen mit einem Mix aus Konsens und Repression kooptiert, inflationäre Mechanismen im Staatsbudget festschreibt und die Arbeitsprekarität perpetuiert...« (Colectivo Nuevo Proyecto Historico, 16.4.06)

Renaissance eines veränderten Peronismus? 115

Ordnung, eine Synthese, die den bedrohten sozialen Status der unteren Mittelklasse beschützt, die Argumentation durch den Slogan und die Affektivität ersetzt und die sozialen Verwerfungen des argentinischen Kapitalismus als Effekte der abstrakten internationalen Plurokratie darstellt« (Colectivo Nuevo Proyecto Historico, 16.4.2006)

Bemerkenswert ist auch, dass der Kundgebung wichtige Gewerkschaftsspitzen aus den Reihen der CGT beiwohnten, die zuvor eher als Anhänger Duhaldes oder Menems gegolten hatten, aber in letzter Zeit in regem Austausch mit Kirchner stehen. Entgegen einiger Befürchtungen kam es auch nicht zu Handgreiflichkeiten zwischen verschiedenen Teilnehmern der Kundgebung, sondern es scheint sich eher ein Nebeneinander ansonsten zersplitterter Gruppen herauszubilden. In seiner kurzen Rede beschwor Kirchner die Pluralität, warb für gegenseitiges Verständnis innerhalb seiner Anhängerschaft und hob die Erneuerung der PJ und des Landes in Bezug auf Menschenrechte hervor.

An herausragender Position nahmen die Mütter des Plaza de Mayo an der Veranstaltung teil, wobei Kirchner ein weiteres Mal betonte, vor den Angehörigen des Militärs keine Angst zu haben, die die Geschichtspolitik und Erinnerungsarbeit der Regierung als parteiisch und unseriös scharf kritisierten und Drohungen gegen Kirchner ausgesprochen hatten.[64] Er erneuerte das Versprechen, gegen diejenigen, die den Staatsterrorismus befürworten, Straf- und Amtsenthebungsverfahren einzuleiten. Bereits zum 30. Jahrestag des Beginns der Militärdiktatur (24.3.2006) hatten Kirchners harte Worte gegen die Militärs für Furore gesorgt, während über 100.000 Menschen an Gedenkveranstaltungen für die Opfer teilnahmen (pagina 12, 25.3.2006) und Kirchner indirekt den Rücken stärkten.[65]

Zusammenfassend lässt sich festhalten, dass die Mobilisierungen zur Unterstützung des Regierungskurses für Befürworter und Gegner Kirchners eindrucksvoll seinen gesellschaftlichen Rückhalt zur Schau stellen. In

---

[64] Mitte Mai 2006 hatten sich ca. 500 Personen in Buenos Aires versammelt, um »der Opfer der Subversion« zu gedenken. Insbesondere Angehörige der Militärs, die an Folter und Verschwindenlassen von Menschen zwischen 1976 und 1983 beteiligt waren, aber auch junge Soldaten nahmen an dieser Veranstaltung teil. (pagina 12 vom 28.5.2006)

[65] Dabei kam es allerdings zu heftigen Diskussionen innerhalb der unterschiedlichen Gruppen der Menschenrechtsbewegung, wie weit man sich hinter Kirchner zu stellen habe und inwieweit das Gedenken politisch instrumentalisiert wird (pagina 12, 25., 27., 28.3.2006).

den letzten drei Jahren ist es Kirchner gelungen, sukzessive seine Unterstützung in der Bevölkerung zu konsolidieren, seinen Einfluss in der PJ auszubauen und Teile der sozialen Bewegungen zur loyalen und mitunter begeisterten Gefolgschaft zu machen. Kirchner steht heute für ein »Mitte-Links-Projekt«, das auf lateinamerikanische Integration setzt, sich rhetorisch von neoliberaler und US-dominierter Wirtschaftspolitik losgesagt hat und die versprochene Normalisierung, d.h. ökonomische Erholung, Verringerung der Armut und Arbeitslosigkeit und Rekonstruktion der gesellschaftlichen Ordnung, erreicht hat.

Die größte Herausforderung für Kirchner ist, dass er die Unterstützung weiter organisatorisch konsolidieren muss. Die neue politische Kraft, die langfristig zur Partei werden soll, stützt sich in erster Linie auf drei Substrukturen, die neben seinem Wahlbündnis FPV (Frente para la Victoria), loyale Teile der PJ, Gewerkschaftsspitzen, UCR-Funktionäre, ehemalige Anhänger Menems und Duhaldes, aber auch Personen aus *Frente Grande,* sozialistischen Gruppierungen und sozialen Bewegungen einschließen sollen.[66]

Nach und nach konnte er eine gesellschaftliche Basis für dieses Projekt finden und sie zugleich erweitern: So stehen weit mehr Intellektuelle, Gewerkschafter und Aktivisten sozialer Bewegungen heute hinter der kirchne-

---

[66] Godio (24.4.06) präzisiert diese Strategie und unterteilt die Fraktionen und ihre Rolle: a) die Substruktur der FPV; Schlüsselfrage ist es hierbei, ob es gelingt, unter dem Motto der Transversalität kirchnernahe Gewerkschaftsspitzen (z.Zt. planen einflussreiche Personen aus CTA und UOM eine neue Gewerkschaftsströmung »Movimiento de Trabajadores para la Victoria« zu gründen), die ehemalige *Frente Grande,* moderate Piqueterobewegungen, die Menschenrechtsbewegung (insbesondere die Madres und Abuelas de la Plaza de Mayo und die HIJOS) sowie wohlgesonnene Hochschulgruppen zu gewinnen. b) Die Struktur der PJ soll als Parallelstruktur zur FPV ausgebauten werden, wobei der Einfluss letzterer auch innerhalb der PJ erweitert werden soll. Gerade Provinzgouverneure und wichtige Parteifiguren kann er dabei weniger durch seine »peronistisch- neodesarollistische Perspektive« gewinnen als vielmehr durch das Angebot konkreter Vorteile durch den Wechsel in seine Fraktion. Dabei favorisiert er, dass Anhänger Menems (insbesondere aus den nördlichen Provinzen) auch in die Mitte-Rechts-Koalition eingeordnet werden, wenn sie auf ihren Ansichten beharren. c) Während eine neue Partei errichtet wird, baut er auf ein föderales Übereinkommen mit den Provinzgouverneuren (auch der UCR), um das Land »regierbar« zu halten. Im Gegenzug soll seine neue Partei föderaler organisiert sein und die Interessen der Provinzen stärker berücksichtigen. d) Gleichzeitig gebraucht er immer wieder den Begriff der Concertación (grenzt ihn aber von der chilenischen ab), wobei die FPV eine zentrale Rolle in diesem Setting spielen soll. Dies scheint die Option zu sein, sollte er die Hegemonie innerhalb der PJ nicht erreichen, um deren Einfluss zu mindern.

rischen Variante des Peronismus als in den letzten Jahren.[67] Relativ erfolgreich konnte er bereits in den Oktoberwahlen 2005 große Teile der linken Wählerschaft für sich gewinnen.

Nun kann er mit großer Unterstützung im Rücken seinen Kritikern auf der politischen Rechten kontra bieten und nach und nach klarer zwei große politische Lager herausarbeiten.[68] Im eigenen Lager bemüht er sich um Zustimmung aus Kleinunternehmen und Mittelstand sowie die Beteiligung von sozialistischen Kräften an der Regierung – eine Tendenz, die in den Personalentscheidungen des Mai 2006 vertieft wurde. Ohnehin arbeiten bereits viele langjährige Aktivisten der sozialen Bewegungen und der universitären und publizistischen Linken in Ministerien und Instituten der Regierung Kirchner.

Die jetzige Verstärkung der Mobilisierung kann als Auftakt für den Präsidentschaftswahlkampf 2007 gelten, ohne dass Kirchner selbst bereits diesen Bezug hergestellt hätte. Möglicherweise dient sie aber auch der Überdeckung einer gewissen Erschöpfung der bisher positiven Entwicklungen im wirtschaftspolitischen Bereich, da die Faktoren, die Kirchner bisher begünstigten, langsam schwinden. Die kirchnerische Machtdemonstration ist aber sicherlich auch als Reaktion auf die Rekonstruktion der rechten Opposition zu sehen, die in den letzten Jahren beachtliche Erfolge zu verzeichnen hatte.[69]

---

[67] Etwas skeptischer beurteilt Guillermo Almeyra Kirchners Position: »Heute hat Kirchner eine Akzeptanz von 65%, aber kaum organisierte Unterstützung oder gar eine Partei hinter sich. Zwar hat er den Peronismus gegen Duhalde und Menem durch viele Kooptationserfolge der korrupten Gefolgsleute beider verteidigt und hat die Unterstützung der ›Transversalen‹ (Nationalisten, diejenigen, die sonst ein Erstarken der Rechten befürchten, oder einfache Opportunisten, die sich gerne in staatlichen Ämtern einrichten wollen). So geht Kirchner in die Wahlen des kommenden Jahres – er zieht seinen Vorteil aus der Spaltung der wirtschaftlichen und politischen Rechten und zugleich aus der Inexistenz einer sozialistischen Option, die gegen ihn antreten könnte« (Almeyra, 28.5.2006)

[68] Martin Piqué beschreibt Polarisierung nach europäischem Vorbild mit einer Mitte-Links- und einer Mitte-Rechts-Koalition als den strategischen Wunsch der Regierung Kirchner, die durch die Erlangung der Glaubwürdigkeit in Bezug auf Menschenrechte nun die Mitte-Links-Option darstellt, in die sich für die nächsten Jahre auch die Anhänger der CTA, Frepaso und anderer linker Organisationen eingliedern müssen, wenn sie politisches Gewicht erlangen wollen (pagina 12, 28.5.2006).

[69] Beginnend mit rund 40% der Wählerstimmen 2003 (Macri und Murphy zusammengenommen) und der Verschärfung der Sicherheitsgesetze im Gefolge der Mobilisierung gegen urbane Unsicherheit anlässlich der Ermordung des Unternehmersohns Blumberg reichen die Erfolge der rechten Kirchnerkritiker bis zu der erfolgreichen Amtsenthe-

Teils moderate, teils harsche Kritik bekommt er darüber hinaus aus der wirtschaftsliberalen Zeitung La Nación, der katholischen Kirche, den Militärs und den Unternehmerverbänden. Die einflussreiche wirtschaftsliberale, mitte-rechts einzuordnende Zeitung »La Nación« berichtet etwas kritischer über Kirchners Amtszeit. Während sie die Position in Bezug auf Auslandsschulden gutheißt, bemängelt sie die unzureichenden Maßnahmen gegen die Inflation und kritisiert die Preispolitik Kirchners, die die Unternehmen gängele. Als grundlegenden Kritikpunkt nennt sie die rückläufige »institutionelle Qualität« der politischen Institutionen (Godio, 29.5.2006). Die katholische Kirche in Person des Erzbischofs von Buenos Aires kritisiert den politischen Sektarismus sowohl der Regierung als auch der Opposition, die in diffamierender Weise zu sehr auf Streit aus sei, und somit Chaos und Unordnung provoziere (ebd.). Die Unternehmerverbände tolerieren in erster Linie den Regierungskurs, favorisierten allerdings den ehemaligen Wirtschaftsminister Lavagna gegenüber der neuen Ministerin Miceli, die für die Unterstützung Kirchners anti-monopolistischer Bemühungen und die harte Linie gegenüber dem IWF steht. Neben Ermahnungen zu moderaten Tarifabschlüssen wenden sie sich gegen Preiskontrollen und kritisierten die temporären Exportbegrenzungen für Fleisch im Mai 2006 scharf. Nur 1% der Unternehmer (bei 1300 befragten!) wäre nach einer Umfrage des Nachrichtendienstes argentinienaktuell.com vom 26.5.2006 bereit, Kirchner ihre Stimme zu geben. Einflussreiche Teile des Militärs und des Establishments im Allgemeinen sind gegen ihn. Unter diesen Rahmenbedingungen ist es bisher nicht dazu gekommen, dass das politische Projekt, für das Kirchner steht, nach rechts abgeglitten ist. Andererseits ist aber auch zu keiner deutlichen Hinwendung zu keynesianischer oder einkommensumverteilender Wirtschafts- und Sozialpolitik gekommen.[70]

Mit einem Mix aus fortschrittlicher Rhetorik, einem Stopp der Vertiefung neoliberaler Maßnahmen, ohne sie jedoch in bedeutendem Maße rückgängig zu machen, und unkonventionellen Ansätzen (wie z.B. der Verpflich-

---

bung Ibarras nach dem Skandal um den Brand in der Diskothek Cromanon und den Sieg der Lokalwahlen in Buenos Aires.

[70] Auch in Bezug auf die Beurteilung des gegenwärtigen Trends gibt es unterschiedliche Lesarten, je nachdem, welche Indikatoren man zu Rate zieht: 1.) Gemessen an Dezilen der Einkommensverteilung geht der Polarisierungsprozess weiter, die Zahl der Arbeitsunfälle ist signifikant gestiegen, 2.) verwendet man allerdings den Gini-Index oder betrachtete die Spreizung der Lohneinkommen (ohne den informellen Sektor), kann man eine Trendwende feststellen.

tung der Supermärkte zu Preisbegrenzungen für bestimmte Produkte des Grundbedarfes) steht Kirchner für eine neue Form peronistischer Politik. Im Vergleich zu den Zeiten Menems sind starke Differenzen sowohl im politischen Stil als auch in der inhaltlichen Ausrichtung zu erkennen. Die Bezugnahme auf Peron fällt bei Kirchner nicht intensiver aus als bei seinen Vorgängern im Amt. Keineswegs steht er für die Erneuerung des Kerns der Wirtschaftspolitik des ersten Peronismus, der die importsubstituierende Industrialisierung vorantrieb und der Arbeiterschaft soziale Inklusion anzubieten hatte. Auch wenn Kirchner ein Integrationsversprechen gibt, sind die materiellen Zugeständnisse an seine Anhängerschaft im Großen und Ganzen eher dürftig. Zu einer Umkehr der gesellschaftlichen Polarisierungstendenz zwischen Arm und Reich ist es nicht gekommen.

Perspektiven der Linken

Heute teilt sich die argentinische Linke mehr denn je in zwei große Lager, die häufig als politische versus soziale Linke bezeichnet werden. Wesentliche inhaltliche, organisatorische und zukunftsweisende Neuerungen kamen in den letzten zwei Jahrzehnten vor allem aus den sozialen Bewegungen, die aus der Krise des ökonomischen, politischen und sozialen Modells der 1990er Jahre entstanden sind. Auf der Suche nach neuen Subsistenzformen und in Verteidigung ihrer sozialen und politischen Rechte haben sie neue Formen und Inhalte linker Politik hervorgebracht, die die traditionellen kleinen Parteien der Linken gezwungen haben, sich vermehrt mit den Themen Arbeitslosigkeit, prekäre Beschäftigungsbedingungen und Verarmung zu beschäftigen und alte Dogmen zu hinterfragen (Schuster 2005: 273). Ansatzweise haben die verschiedenen Formen des sozialen Protests in den linken Splitterparteien die Frage nach Repräsentativität, Wegen der Entscheidungsfindung und nach dem Verhältnis zur (vermeintlichen) Basis aufgeworfen, die potentiell eher antiquierte Formen politischer Kultur aufbrechen könnten. Doch wie so oft war das Verhältnis von Partei und Bewegung sehr spannungsgeladen: Zwar trugen die Erfahrungen und Mobilisierungsressourcen der Parteien um die Jahrtausendwende zur raschen Verbreitung der Bewegungen bei, zugleich beschleunigten sie aber auch deren Zersplitterung, weil sie häufig in erster Linie versuchten, Parteimitglieder zu werben und auf die Parteilinie einzuschwören, statt an der Vergrößerung und besseren Koordination der Bewegung zu arbeiten. Auch waren die Interventionen linker Splitterparteien in die *asambleas populares* in ihrer Mehrheit eher demobilisierend und der Dynamik der Bewegung eher hinderlich. Folglich hat sich aus den Protesten keine eigene parteiförmige Kraft (oder mehrere) entwickelt – die Diskussion um Parteigründung wurde kaum geführt. Die kleinen Parteien der traditionellen Linken können die gesellschaftliche Unzufriedenheit nicht in Wählerstimmen übersetzen – der Verlust aller Mandate im Abgeordnetenhaus in den Oktoberwahlen 2005 zeigt dieses einmal mehr.[71] Die linken Parteien (ohne ARI) haben zusammengenommen zwar landesweit ca. 4,5%, doch dies reicht nicht für Sitze im Abgeordnetenhaus. Die ARI erreicht landesweit 7,4%, was dazu führt, dass sie nach wie vor 13 Abgeordnete stellt.

Die sozialen Bewegungen sind heute in einer schwierigen Situation, da sie sich maßgeblich über das Verhältnis zur Regierung definieren (lassen) und dies sich als zentrale Spaltungslinie zu verfestigen scheint. Während der Kirchner-freundliche Teil vor allem als begeisterte Anhänger der Regierung betrachtet wird und darüber Gefahr läuft, eigenes Profil zu verlieren, werden diese Strömungen von den Regierungskritikern scharf verurteilt, und es wird ihnen Opportunismus oder gar Verrat vorgeworfen. Der oppositionellen Linken fehlen ihrerseits gesellschaftliche Anknüpfungspunkte, und sie findet sich weitgehend isoliert in einer Situation politischer Marginalisierung, in der die Repression ihnen gegenüber auf Zuspruch der Bevölkerung stößt und auf viele Aktivisten einschüchternd wirkt.

Trotz dieser schwierigen Situation bleibt festzuhalten, dass die sozialen Protestbewegungen dennoch ganz entscheidend Regierungspolitik geprägt haben, wenn auch nicht in direkter Form. Weder die Einführung der Arbeitslosenunterstützung, noch die Veränderungen staatlicher Politik im Menschenrechtsbereich oder die Absage an das ALCA-Projekt wären ohne die populare Unterstützung und den Druck von unten denkbar. Auch die relative Härte des Auftretens gegenüber Militärs, IWF und USA kann auf

---

[71] Raul Castells (MIJD) beispielsweise, der aufgrund der unzähligen Demonstrationen für seine Freilassung sehr bekannt ist, konnte im Oktober 2005 in ganz Buenos Aires nicht einmal 2000 Stimmen bei den Wahlen erreichen (0,2 %) – viele seiner Anhänger wählten ihn folglich nicht. Auch Néstor Pitrolla (Polo Obrero), im Vorfeld der Wahlen vor allem als Piquetero-Respräsentant wahrgenommen, erreichte keine 2% (la brecha 28.10.2005, S.10). Der Versuch einiger Asambleas, in Buenos Aires als neue gemeinsame Liste unter dem Slogan »Que se vayan todos« die alte Stimmung in Wahlstimmen zu transferieren, schlug ebenso fehl: Mit einem Stimmenanteil von weit unter einem Prozent im Oktober 2005 ist ihre Idee der neuen Institutionalität wenig erfolgreich gewesen.

die eindeutig ablehnende Haltung der Bevölkerung zurückgeführt werden. Die populare Rebellion hat durchaus neue Handlungsoptionen in erster Linie für reformistische Lösungen entstehen lassen, die Ende der 1990er Jahr noch unvorstellbar waren. Doch sie hat auch im Kleinen für viele Menschen soziale Beziehungen, Subsistenznetzwerke und Bildungschancen innerhalb der Bewegungen entstehen lassen, die z.T. lebenswichtig und bereichernd gewesen sind. Nicht zuletzt hat sie ein Bewusstsein für andere Lebenssituationen und den gesellschaftlichen Verarmungsprozess geschaffen, das zuvor nicht vorhanden war.

Diese Veränderungen haben sich wahlpolitisch nicht niedergeschlagen, sondern sie haben eine Linksverschiebung des Peronismus verursacht, der zur Zeit von den meisten progressiven Kräften gewählt wird. Ein linkes Parteiprojekt jenseits des Peronismus mit nennenswerter Größe ist derzeit nicht in Sicht. Wenn es während der 1990er Jahre, als die PJ sich wirtschaftsliberal gebärdete und innere linke Kritik kaum noch zu hören war, keinen Raum für eine neue Linkspartei gab, ist es unter heutigen Bedingungen noch unwahrscheinlicher, dass sich eine vom Peronismus unabhängige linke Kraft konstituiert.

Schon in den 1980er Jahren scheiterten mehrere Versuche dieser Art.[72] In den 1990er Jahren wurde mit der *Frente Grande* und später FREPASO ein solches Projekt noch einmal versucht, das aber schnell wieder verworfen wurde, da sie ihre Wahlversprechen nicht halten konnten und bald eigene Korruptionsskandale und parteiinterne Streitigkeiten in ihren Reihen aufkamen.[73] Diese Kräfte sind heute allesamt dem Kirchnerismus zuzuordnen.

---

[72] Der Versuch der 1980er Jahre, ein Wahlbündnis verschiedener linker Strömungen zu bilden, die »Unnachgiebige Partei« (Partido Intransigente), die auch den linken Flügel des Radikalismus einschloss, ging nach kurzen Wahlerfolgen 1985 von 6% an inneren Konflikten zu Grunde. Der kurze Aufstieg des Movimiento al Socialismo (MAS) repräsentierte nur wenige Kräfte der parteipolitischen Linken.
[73] Als sich in Abgrenzung zu Menems ultraliberalem Kurs aus der PJ, den CGT-Gewerkschaften und anderen linken Kräften Einzelpersonen entschlossen, die *Frente Grande* zu gründen, konnte diese 1993 zur Verfassungsgebenden Versammlung 13% der Stimmen erzielen und hat rückblickend das argentinische Zwei- in ein Mehrparteiensystem verwandelt. Unter dem Namen FREPASO baute sie ihren Stimmenanteil in den Wahlen 1995 auf 20% aus und ging 1999 mit der UCR die erste Koalitionsregierung der argentinischen Geschichte ein. In gewisser Weise war dieses Bündnis eine politische Neuerung, die als letzte Hoffnung in das existierende politische System galt – auch wenn es die Hauptakteure dieses Bündnisses nicht so verstanden (Schuster 2005: 256). Sein Scheitern stand für das scheinbare Ende der Legitimität eines politischen Systems, das in den

Die kleinen, traditionellen Parteien der Linken haben sich in ihrer Ausdrucksweise und politischen Kultur seit den 1970er Jahren wenig weiterentwickelt, gelten vielen als sektenhaft und haben kaum gesellschaftlichen Rückhalt (Tarcus 2005). Am aktuellen Versuch, ein linkes Wahlbündnis zu schmieden, die Vereinigte Linke (Izquierda Unida), beteiligen sich bisher nur PC, MST und einige kleine Parteien, die gemeinsam nicht mehr Stimmen auf sich vereinen können als zuvor einzeln. Drei weitere traditionelle linke Splitterparteien, die (maoistische) PCR und die (beiden trotzkistischen Gruppen) PO und PTS, treten gesondert an. Die linksliberale Partei für eine Republik von Gleichen (ARI – Alternativa por una República de Iguales), die aus einer Abspaltung der UCR hervorgegangen ist, ist nur in den großen Städten präsent, wo sie fast ausschließlich von Angehörigen der Mittelschicht gewählt wird.

Die Strömung der so genannten Neuen Linken oder auch Autonomistas hat in den letzten drei Jahren an Bedeutung verloren, wobei sie zahlenmäßig ohnehin nie stark gewesen ist. Ihre im argentinischen Kontext um so verständlichere starke Abneigung gegen den Partei- und Gewerkschaftsapparat, aber auch die Ablehnung der Zusammenarbeit mit hierarchisch aufgebauten Organisationen hat sie bündnispolitisch nur begrenzt handlungsfähig gemacht. Mit wenigen lokalen Ausnahmen, fehlt ihr insbesondere auf überregionaler Ebene eine politische Interventionsfähigkeit und gesellschaftliche Anknüpfungspunkte.

Dennoch existieren trotz der allgemeinen Fragmentierung auch Tendenzen zu Bündnissen und spektrenübergreifenden Mobilisierungen. Nach wie vor bestehen linke Bewegungen mit hoher lokaler Verankerung, die in ihrem Umfeld bedürfnisorientierte Basisarbeit leisten, die in Europa zur Zeit kaum vorstellbar ist. Darüber hinaus existiert mit der CTA eine größere Organisation, durch die sich viele der genannten Konflikte hindurchziehen. Sie hat sich einerseits Kirchner angenähert, dieser versucht andererseits, sie als Verhandlungspartner zu umgehen. Politisch ist sie langfristig aber schwer

---

Augen der Bürger nicht fähig war, die Probleme des Landes zu lösen und keines der Ziele, die sich die Regierung auf die Fahnen geschrieben hatte – Korruption und parteipolitischen Klientelismus zu beenden sowie den Verarmungsprozess zu stoppen – konnte sie ansatzweise erreichen. Mit dem Rücktritt von Carlos »Chacho« Álvarez erlitt die Hoffnung auf die bündnispolitische Option der progressiv-nationalen Sektoren einen schweren Rückschlag, nachdem diese Versuche schon in den 1980er Jahren nur kurzlebig gewesen sind.

marginalisierbar und stellt nicht zuletzt aufgrund ihrer zahlenmäßigen Bedeutung auch oder in Teilen ein Netzwerk der Protestbewegung dar.

Unserer Meinung nach treffend resümiert Schuster:

»Zusammenfassend lässt sich festhalten, dass Argentinien heute eine starke Präsenz der Linken besitzt, aber diese zeigt sich sehr fragmentiert mit einer geringen Kapazität, eine einheitliche, politische Wahloption zu sein, wie etwa die brasilianische PT oder die Frente Amplio in Uruguay. Die auffällige Unfähigkeit der argentinischen Linken zu einer pluralen, kollektiven Zusammenarbeit, welche eine antikapitalistische Alternative eröffnen könnte, geht v.a. auf zwei Faktoren zurück: die politische Kultur des Landes, die durch den Massenmord an einer ganzen Generation geprägt wurde und die dadurch gekennzeichnet ist, die interpretative und politische Herausforderung durch populare Bewegungen nicht progressiv und vorwärtsweisend genutzt zu haben. Die peronistische Regierung bietet solange eine doppeldeutige Option an; aber es kann kein Zweifel bestehen, dass einige ihrer Aktionen mit wohlwollendem Blick aus einer linken Perspektive positiv gesehen werden sollten – und einige Strategien ermutigen zur Vertiefung, wie die internationale Orientierung, die Menschenrechtspolitik oder die Zurückweisung des Neoliberalismus – in Bezug auf andere Bereiche wäre eine kritische Haltung einzunehmen.« (Schuster 2005: 277f.)

Anhang

Abbildungen

Abb. 1:
Armut, absolute Armut und Arbeitslosigkeit im Großraum Buenos Aires

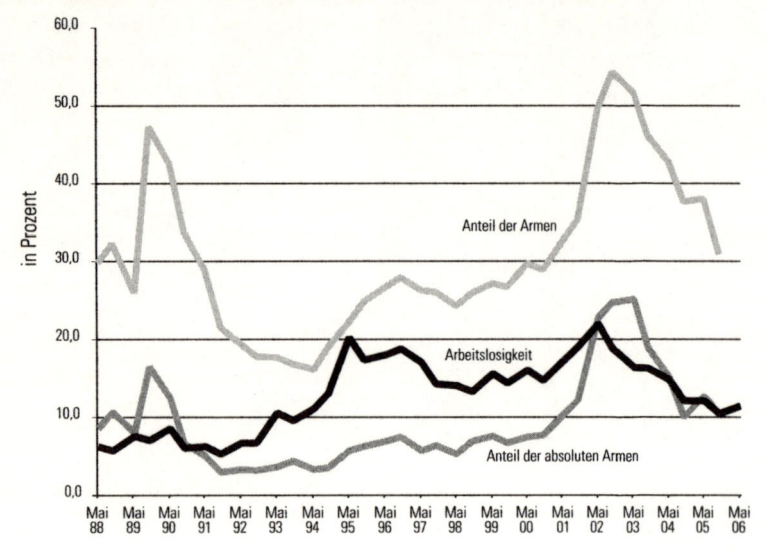

Quelle: INDEC, eigene Darstellung
Anmerkung: Die Arbeitslosenquote im Zeitraum Mai 2003 bis Mai 2006 bezieht sich auf den gesamten urbanen Raum, nicht nur auf den Großraum Buenos Aires

Abb. 2: Erwerbsbevölkerung (PEA 1975-2000), absolute Veränderungen

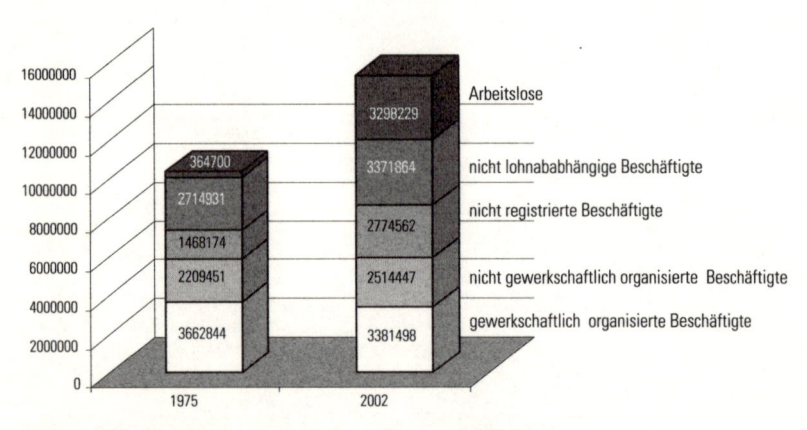

Kategorie	1975	2002
Arbeitslose	364700	3298229
nicht lohnabhängige Beschäftigte	2714931	3371864
nicht registrierte Beschäftigte	1468174	2774562
nicht gewerkschaftlich organisierte Beschäftigte	2209451	2514447
gewerkschaftlich organisierte Beschäftigte	3662844	3381498

Quelle und Darstellung: Palomino, 2004: 4, auf Basis von INDEC Daten

Abbildungen

Abb. 3: Partizipation nach Einkommensanteil im Großraum Buenos Aires 1974-2002

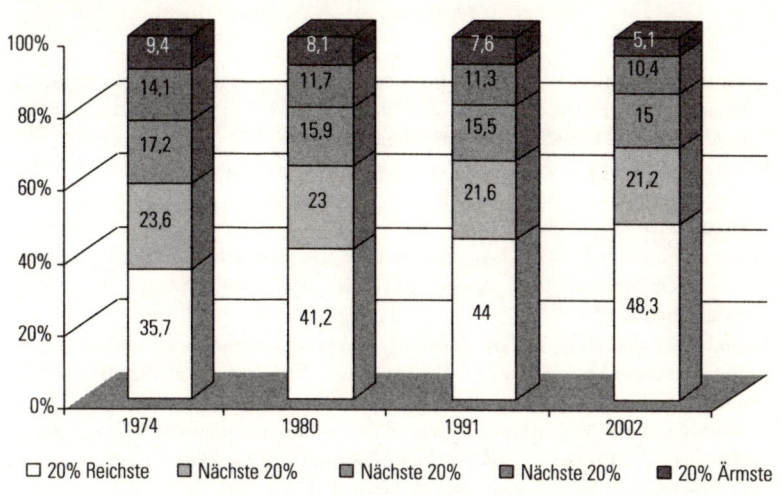

Jahr	20% Ärmste	Nächste 20%	Nächste 20%	Nächste 20%	20% Reichste
1974	9,4	14,1	17,2	23,6	35,7
1980	8,1	11,7	15,9	23	41,2
1991	7,6	11,3	15,5	21,6	44
2002	5,1	10,4	15	21,2	48,3

Quelle: Minujin/Anguita, 2004: 111, eigene Darstellung

Literatur

Alerta Argentina (2006): Segundo Informe sobre la Situación de los derechos humanos en Argentina, Gobierno Kirchner (2005) http://www.anred.org/article.php3?id_article=1392, veröff. am 30.3.06

Allegrone, Verónica G./Florencia Partenio/María I. Fernández Álvarez (2004): Los procesos de recuperación de fábricas: una mirada retrospectiva, in: Battistini, Osvaldo a.a.O., S. 329-344

Almeyra, Guillermo (2006): Argentina: balance provisional, in: sin permiso. República y socialismo, tambien para el siglo XXI, http://www.sinpermiso.info/textos/index.php?id=559

Ansaldi, Waldi (2003): El faro del fin del mundo. La crisis argentina de 2001 o cómo navegar entre el riesgo y la seguridad, http://www.catedras.fsoc.uba.ar/udishal

Arizaga, Cecilia (2003): Barrios Cerrados y countries: microclimas de consumo, in: Wortman, A.: Pensar las clases medias: consumos culturales y estilos urbanos en la Argentina de los noventa, Buenos Aires, S. 131-140

Armelino, Martín (2004): Algunos aspectos de la acción colectiva y la protesta en la CTA y el MTA, en: Lavboratorio. Estudios sobre Cambio Estructural y Desigualdad Social, Año 6, Nr. 15, Primavera/Verano, S. 5-11

Armelino, Martín (2005): Resistencia sin integración: protesta, propuesta y movimiento en la acción colectiva sindical de los noventa. El caso CTA, in: Schuster, Frederico u.a., S. 275-312

Armony, Ariel C./Victor Armony (2005): Indictments, Myth and Citizen Mobilization in Argentina: A Discourse Analysis, in: Latin American Politics and Society, Vol.47, No.4, Winter

Arnold, Alix (2003): Besetzte Betriebe: Anmerkungen zum Dilemma der Selbstverwaltung im Kapitalismus, in: Colectivo Situaciones, a.a.O., S. 146-151

Auyero, Javier (2001): La política de los pobres. Las prácticas clientelistas del peronismo, Buenos Aires

Auyero, Javier (2002a): La geografía de la protesta, in: Trabajo y Sociedad, Vol. III, Nr. 4, mar./apr., S. 1-13

Auyero, Javier (2002b): Los cambios en el repertorio de la protesta social en la Argentina, in: Desarrollo Económico, Vol. 42, Nr. 166, (jul./sept.), S. 187-210

Auyero, Javier (2002c): La protesta. Retratos de la beligerancia popular en la argentina democrática, Buenos Aires: Libros de Rojas, Serie extramuros

Azpiazu, Daniel/Eduardo Basualdo (2004): Las privatizaciones en la Argentina Genesis, desarrollo y los impactos estructurales, in: Petras/Veltmeyer (Hrsg.), a.a.O., S. 55-112

Battistini, Osvaldo R. (2004): Las interacciones complejas entre el trabajo, la identidad y la acción colectiva, in: ders.: El trabajo frente al espejo. Continuidades y

rupturas en los procesos de construcción identitaria de los trabajadores. Buenos Aires, S. 23-44
Becker, Joachim (2003): La reciente crisis financiera en Argentina, Brasil y Uruguay. Analisis comparativo, Montevideo
Bekerman, Marta/Pablo Sirlin (2006): La necesidad de una estrategia productiva en la Argentina de la posconvertibilidad, in: Commercio Exterior, Vol. 56, No. 3 (marzo), S. 245-261
Bieber, León E. (1978): Die Gesellschaftsstruktur – Entwicklung und Gegenwartskrise, in: Friedl Zapata, J.A. (Hrsg.): Argentinien, Tübingen/Basel, S. 201-216
Birle, Peter (1996): Die Unternehmerverbände – Neue »Columna Vertebral« des Peronismus?, in: Nolte/Werz (Hrsg.), a.a.O., S. 205-221
Birle, Peter/Sandra Carreras (Hrsg.) (2002): Argentinien nach zehn Jahren Menem. Wandel und Kontinuität, Frankfurt/Main
Blomeier, Hans-Hartwig (2004): Neopopulismus als Folge von Institutionenkrise und Staatsversagen am Beispiel Argentiniens, in: KAS-Auslandsinformationen, Nr. 1, S. 44-63
Blomeier, Hans Hartwig (2005): Argentinien hat gewählt: Zwei Sieger und viele offene Fragen, in: KAS-Auslandsinformationen Nr. 11, S. 4-24
Bodemer, Klaus/Andrea Pagni/Peter Waldmann (Hrsg.) (2002): Argentinien heute. Politik, Wirtschaft, Kultur, Frankfurt/M.
Boris, Dieter (2002): Die argentinische Tragödie, Supplement der Zeitschrift Sozialismus, Nr. 12, Hamburg
Boris, Dieter (2005): Vom temporären Hegemonieverlust zum stabilen »Normal-Kapitalismus«? Argentinien vier Jahre nach der großen Krise, in: Boris/Schmalz/ Tittor (Hrsg.), Lateinamerika: Verfall neoliberaler Hegemonie? Hamburg, S. 136-162.
Boris, Dieter/Peter Hiedl (1978): Argentinien. Geschichte und politische Gegenwart, Köln
Boris, Dieter (2003): Der Kirchner-Effekt trifft den IWF, in: Informationsbrief Weltwirtschaft & Entwicklung, Nr. 10, S. 2-3
Boris, Dieter/Ingo Malcher (2001): Argentinien am Ende der neoliberalen Sackgasse, in: Z. Zeitschrift Marxistische Erneuerung, Nr. 48, 12. Jg. (Dez.), S. 47-59
Boris, Dieter/Ingo Malcher (2005): Argentinien nach dem Zusammenbruch des neoliberalen Modells, in: PROKLA, 35. Jg., Nr. 1 (März), S. 131-148
Boron, Atilio/Thwaites Rey, Mabel (2004): La expropiación neoliberal: el experimiento privatista en la Argentina, in: Petras/ Veltmeyer (Hrsg.), a.a.O., S. 113-182
Boyer, Robert (2002): La crisis argentina: un análisis desde la teoría de la regulación, unveröff. Manuskript, Buenos Aires
Bundesagentur für Außenwirtschaft (bfai) (2006): Wirtschaftstrends Argentinien 2006, http://www.bfai.de/fdb-SE,PUB20060202082041,Google.html
Campione, Daniel (2003): Argentina: El Movimiento Social despúes del »reflujo«, en: Observatorio Social de América Latina, Año IV, No 11, Mayo- Agosto, p.89-99

Canelo, Paula (2002): La construcción de lo posible: identidades y política durante el menemismo. Argentina 1989-1995, Buenos Aires: CLACSO

Carranza, Mario E. (2005): Poster Child or Victim of Imperialist Globalization? Explaining Argentina's December 2001 Political Crisis and Economic Collapse, in: Latin American Perspectives, Vol. 32, Issue 145, No. 6 (Nov.), S. 65-89

Carrera, Nicolás I./María C. Cortarela/Elizabeth Gómez/ Frederico M. Kindgard (1995): La Revuelta 1989-90, Buenos Aires

Chudnovsky, D. u.a. (2003): Las recientes crisis sistémicas en países emergentes: las peculiaridades del caso argentino, in: Bruno, C./D. Chudnovsky (Hrsg.) (2003): ¿Por qué sucedió? Las causas económicas de la reciente crisis argentina, Buenos Aires, S. 17-109

Colectivo, Situaciones (2003): Vielfalt und Gegenmacht in den Erfahrungen der Piqueteros, in: Dies. (Hrsg.): Que se vayan todos! Krise und Widerstand in Argentinien, Berlin, Hamburg, Göttingen

Colectivo Nuevo Proyecto Historico (2006): Kirchner como proceso desconstituyente, http://www.lafogata.org/06arg/arg5/arg_16-4.htm

De la Cueva, Héctor (2006): Mar del Plata: El ALCA no pasó. Una victoria de la Cumbre de los Pueblos, in: Observatorio Social de America Latina, No 18, Enero, S.81-91

Delamata, Gabriela (2002): De los »estallidos« provinciales a la generalización de las protestas en Argentina, in: Nueva Sociedad, Nr. 182 (nov./dic.), S. 121-138

Di Marco, Graciela/Héctor Palomino/Susana Méndez/Ramón Altamirano/Mirta Libchaber de Palomino (2003): Movimientos Sociales en la Argentina. Asambleas: La politización de la sociedad civil, Buenos Aires

Díaz Muñoz, Marco (2005): Orden, Represión y muerte. Diario de la criminalización de la protesta social en Salta (1995-2005), Buenos Aires

Dinerstein, Ana C. (2004): Más allá de la crisis. Acerca de la naturaleza del cambio político en Argentina, in: Revista Venezolana de Economía y Ciencias Sociales, Vol. 10, No. 1 (enero – abril), S. 241-269

Donges, Jürgen B. (1978): Entwicklung, Struktur und internationale Verflechtung der argentinischen Wirtschaft, in: Friedl Zapata, José A. (Hrsg.): Argentinien, Tübingen/Basel, S. 339-394

Dörre, Klaus/Tatjana Fuchs (2005): Prekarität und soziale (Des-)Integration, in: Z. Zeitschrift Marxistische Erneuerung, Nr. 63, Sept., S. 20-35

Economistas de Izquierda (2004): Argentina. Program for a popular economic recovery, in: Monthly Review, Vol. 56, No. 4 (Sept.), S. 12-25

Egenhoff, Tjark (2006): Die Großen unter sich. Der Mercosur und die kleinen Mitgliedsstaaten, in: Konrad-Adenauer-Stiftung (Hrsg.), Focus Brasilien, Nr. 3 v. 3.4.2006

Fanelli, José M. (2003): El sistema financiero argentino: la crisis y los desafíos, in: Bruno, C./D. Chudnovsky (Hrsg.) (2003): ¿Por qué sucedió? Las causas económicas de la reciente crisis argentina, Buenos Aires, S. 129-173

Farinetti, Mariana (2005): Violencia y risa contra la política en el Santiagueñazo:

Indagación sobre el significado de una rebelión popular, in: Schuster/Naishtat/ Nardacchione/Pereyra, S. 217-274

Fejoó, Maria d. C. (2003²): Nuevo país, nueva pobreza, Buenos Aires, u.a.

Fernández Álvarez, María I. (2004): Sentidos asociados al trabajo y procesos de construcción identitaria en torno a las ocupaciones y recuperaciones de fábricas de la Ciudad de Buenos Aires: un análisis a partir de un caso particular, in: Battistini, Osvaldo, a.a.O., p. 345-366

Fernandez Jilberto, Alex E./Barbara Hogenboom (2004): Conglomerates and Economic Groups in Neoliberal Latin America, in: Journal of Developing Societies, 20 (3-4), S. 149-171

Friedrich-Ebert-Stiftung/Haldenwang, Ch. v. (2002): Wohin treibt Argentinien? Die Krise als Chance, unveröff. Manuskr., Bonn

Gabbert, Karin u.a. (Hrsg.) (2001): Jahrbuch Lateinamerika. Analysen und Berichte, Band 25, Datenanhang zu Argentinien, S. 126ff.

Gallo, Ezequiel (1970): Agrarian Expansion and Industrial Development in Argentina, 1880-1930, in: Carr, R. (Hrsg.): Latin American Affairs, Oxford Univ. Press, S. 45-61

Giarracca, Norma u.a. (2005): La protesta social en la Argentina. Transformaciones económicas y crisis social en el interior del pais, Buenos Aires

Godio, Julio (2002): Argentina: en la crisis está la solución. La crisis global desde las elecciones de octubre de 2001 hasta la asunción de Duhalde, Buenos Aires

Godio, Julio (2003): Argentina: Luces y sombras en el primer año de transición. Las mutaciones de la economía, la sociedad y la política durante el gobierno de Eduardo Duhalde (enero-dic. de 2002), Buenos Aires

Godio, Julio (2004): The »Argentine Anomaly«: From Wealth through Collapse to Neo-Developmentalism, in: Internationale Politik und Gesellschaft, Nr. 2, S. 128-146

Godio, Julio (2005): Radiografía polítco-sindical de Argentina, 2.12.05, http://www.rebanadasderealidad.com.ar/godio-45.htm

Godio, Julio (2005): Nuevo gabinete »K«. Reorganización del poder político del kirchnerismo, 6.12.05, http://www.rebanadasderealidad.com.ar/godio-46.htm

Godio, Julio (2006): Acerca del nuevo partido politico de Kirchner, 24.4.06, http://www.rebanadasderealidad.com.ar/godio-50.htm

Godio, Julio (2006): A propósito del acto del 25 de mayo: Concertación política y concentración del poder, 29.5.06, http://www.rebanadasderealidad.com.ar/godio-54.htm

Godio, Julio (2006): Conflictividad laboral y aumentos salariales, in: 26.4.06, http://www.rebanadasderealidad.com.ar/godio-51.htm

Gonzáles Bombal, Ines (2002): Sociabilidad en clases medias en descenso: experiencias en el trueque, in Feldman, Silvio et al. a.a.O., p. 97-136

Gonzáles, Mariana L. (2003): Transformaciones de hecho y de derecho en las relaciones laborales en los 90, in: Danani/Lindenboim (Hrsg.), a.a.O., .S. 89-104

Gratius, Susanne (2003): Präsidentschaftswahlen in Argentinien. Kontinuität ohne

Votum, SWP-Aktuell 21 (Mai)

Grimson, Alejandro/Gabirel Kessler (2005): On Argentina and the Southern Cone. Neoliberalism and National Imaginations, New York/ London: Routledge

Haldenwang, Christian von (1996): Der Anpassungsprozeß und das Problem der Legitimierung, in: Nolte/Werz (Hrsg.), a.a.O., S. 177-193

Halperin Donghi, T. (1996): Die historische Erfahrung Argentiniens im lateinamerikanischen Vergleich. Konvergenzen und Divergenzen im Laufe des 20. Jahrhunderts, in: Nolte/Werz (Hrsg.), a.a.O., S. 15-28

Hobsbawm, Eric (1998): Was haben Historiker Karl Marx zu verdanken?, in: Ders.: Wieviel Geschichte braucht die Zukunft?, Frankfurt/M./Wien, S. 186-203

Hujo, Katja (2002): Die Wirtschaftspolitik der Regierung Menem: Stabilisierung und Strukturreformen im Kontext des Konvertibilitätsplans, in: Birle, P./ S. Carreras (Hrsg.), a.a.O., S. 85-124

Imbusch, Peter (1991): Klassenstrukturen in Lateinamerika. Eine komparative Studie zu den sozialstrukturellen Folgen der Wirtschaftskrise der 80er Jahre in Argentinien und Mexiko, Münster/Hamburg

Kahle, Günther (1978): Geschichte Argentiniens von 1516-1946, in: Friedl Zapata, José A. (Hrsg.): Argentinien, Tübingen/Basel, S. 87-125

Klein, Marcus (2005): Die Zwischenwahlen in Argentinien: Ein Sieg für Präsident Kirchner und viele offene Fragen, in: Brennpunkt Lateinamerika, Nr. 20 v. 7.11.2005

Leoni, Fabiana/Mariana Luzzi (2003): Nuevas redes sociales: los clubes de trueque, in: González Bombal, Ines (Comp.): Respuestas de la sociedad civil a la emergencia social, Buenos Aires: Centro de Estudios de Estado y Sociedad, p.13-42

Levitsky, Steven (2001): An »organized disorganisation«: Informal organisation and persistence of local party structures in Argentine peronism, in: Journal of Latin American Studies, Vol. 33, S. 29-65

Levitsky, Steven/Maria V. Murillo (2003): Argentina weathers the storm, in: Journal of democracy, Vol. 14, No. 4 (oct.), S. 152-166

Lindenboim, Javier u.a. (2006): Distribución, consumo e inversión en la Argentina de comienzos del siglo XXI, in: Realidad Económica, No. 218 v. 16.2.-31.3.2006, S. 65-92

Lindenboim, Javier (2004): The Precariousness of Argentine Labor Relations in the 1990s, in: Latin American Perspectives, Issue 137, Vol. 31, No. 4, July, S. 21-31

Lozano, Claudio (2001): Contexto económico y político en la protesta social de la Argentina contemporánea, en: Observatorio Social de América Latina, No. 5, Septiembre, p.5-10

Lozano, Claudio (2005): Boletín estadístico. La situación a finales del 2004 en materia de pobreza e indigencia, distribución del ingreso, mercado laboral y protecciones, Buenos Aires

Maceira, Veronica/Ricado Spaltenberg (2001): Una aproximación al movimiento desocupados en el marco de las transformaciones de la clase obrera en Argentina, in: Observatorio Social de la America Latina, Nr. 5, sept., S. 23-28

Magnani, Esteban (2003): El cambio silencioso. Empresas y fábricas recuperadas por los trabajadores en la Argentina, Buenos Aires
Massetti, Astor (2004): Piqueteros. Protesta social e identidad colectiva, Buenos Aires: Editorial de las Ciencias
Messner, Dirk (1997): Wirtschaftsreformen und gesellschaftliche Neuorientierung in Lateinamerika: Die Grenzen des neoliberalen Projekts, in: Dombois, R./P. Imbusch: Neoliberalismus und Arbeitsbeziehungen in Lateinamerika, Frankfurt a.M., S. 43-67
Miceli, Felisa (2006): Vortrag vor dem Komitee für Geld und Finanzen des Internationalen Währungsfonds am 22.4.2006, Washington, unveröff. Manuskript
Minujin, Alberto/Eduardo Anguita (2004): La clase media. Seducida y abandonada, Buenos Aires
Murillo, Victoria M. (2001): From piquets to prices: labour unions and market reforms in Argentina, en: Labour unions, partisan coalitions, and market reforms in Latin America, Cambridge, p. 131-172
Mustapic, Ana M. (2002): Das argentinische Parteiensystem von 1983 bis 2001, in: Bodemer/Pagni/Waldmann (Hrsg.), a.a.O., S. 319-336
Natanson, José (2004): El presidente inesperado. El gobierno de Kirchner según los intelectuales argentinos, Buenos Aires
Nohlen, Dieter (2004): Argentinien. Ursachen und Folgen einer Staats- und Gesellschaftskrise, in: Ders./Hartmut Sangmeister (Hrsg.): Macht, Markt, Meinungen. Demokratie, Wirtschaft und Gesellschaft in Lateinamerika, Wiesbaden, S. 75-91
Nolte, Detlef/Nikolaus Werz (Hrsg.) (1996): Argentinien. Politik, Wirtschaft, Kultur und Außenbeziehungen, Frankfurt a.M.
o.A. (2005): Argentinien. Die Rückkehr des Arbeiterkampfs, in: Wildcat, Nr. 74, S. 44-47
Palomino, Héctor (1989): Reflexiones sobre la evolución de las clases medias en la Argentina (segunda parte), in: El Bimestre Político y Económico, Num. 43, S. 10-14
Palomino, Héctor (2002): Die Beziehungen zwischen Gewerkschaften, Unternehmen und Staat: Akteure und Spielregeln im Wandel, in: Birle, Peter/Carreras, Sandra (Hrsg.) a.a.O., S.243-278
Palomino, Héctor (2004): Trabajo y teoría social: Conceptos clásicos y tendendicas contemporaneas. Del trabajo asalariado a la sujeción indirecta al capital. Un ensayo sobre los cambios contemporáneos en las relaciones sociales, Buenos Aires: Manuskript des Autors
Palomino, Héctor (2005): Los sindicatos y los movimientos sociales emergentes del colapso neoliberal en Argentina, in: de la Garza, Enrique (Comp.): Sindicatos y nuevos movimientos sociales en América Latina, Buenos Aires: Clacso, p. 19-52
Palomino, Héctor/Ernesto Pastrana (2003): El caso argentino: los nuevos movimientos sociales, in: Calderón, Fernando (Coord.): Es sostenible la globalización en América Latina? Debates con Manuel Castells, Vol. 1, Santiago de Chile: Fondo de Cultura Económica, p. 191-241

Pereyra, Daniel (2003): Argentina rebelde. Cronicas y ensenanzas de la revuelta social, Buenos Aires
Pereyra, Sebastián (2005): ¿Cuál es el legado del movimiento de derechos humanos? El problema de la impunidad y los reclamos de justicia en los noventa, in: Schuster, Frederico u.a., S. 151-192
Petras, James/Henry Veltmeyer (2004): Argentina: Entre las desintegración y la revolución, in: Dies.: Las privatizaciones y las desnacionalización de América latina, Buenos Aires, S. 5-54
Petras, James (2004): Argentina: from popular rebellion to »normal capitalism«, http://www.global research.ca/articlesPET406A.html
Petras, James/Henry Veltmeyer (2004): Las privatizaciones y la desnacionalización de América Latina, Buenos Aires
Petras, James/Henry Veltmeyer (2002): Argentina: Between disintegration and revolution, in: http://www.rebelion.org/petras/english/argentina200602.htm (Juni 2002)
Rauber, Isabel (1998): Una historia silenciada. La discusión social y sindical en el fin de siglo, Buenos Aires: Pensamiento Jurídico Editora
Rauber, Isabel (2003): La izquierda Argentina en la encrucijada, Vortrag in São Paulo, 24.-26. nov., http://www.rls.org.br/publique/media/PERSEU_Isabel.pdf
Rebón, Julian (2005): Trabajando sin patrón. Las empresas recuperadas y la producción, Buenos Aires: Instituto de Investigaciones Gino Germani, UBA
Reynals, Cristina (2003): De cartoneros a recuperadores sociales, in: González Bombal, Ines (Comp.): Respuestas de la sociedad civil a la emergencia social, Buenos Aires: Centro de Estudios de Estado y Sociedad, S. 43-80
Rivero, Alicia (2004): Geschlechtspezifische Auswirkungen der Krise in Argentinien, in: ila-Dossier, Juni, S. 12-13
Ruggeri, Andrés u.a. (2005): Las empresas recuperadas en la Argentina: informe del segundo relevamiento del programa, Buenos Aires: Facultad de Filosofía y Letras SEUBE UBA
Schamber, Pablo J./Franciso M. Suárez (2002): Actores sociales y cirujeo y gestión de residuos. Una mirada sobre el circuito informal del reciclaje en el conurbano bonaerense, en: revista Realidad Económica, octubre, http://www.iade.org.ar/Re/Articulos/Na/PDF/190%20Bis.pdf
Schneider Mansilla, Iván/Rodrigo Adrián Conti(2003): Piqueteros. Una Mirada Histórica, Buenos Aires: Astralib
Schuster, Frederico (2005): Izquierda política y movimientos sociales en la Argentina contemporánea, en: Barrett, Patrick S./Rodríguez Garavito, César A./Chávez, Daniel (Comp.): La nueva izquierda en América Latina. Sus orígenes y trayectoria futura, Bogotá: Grupo Editorial Norma, p.239-282
Schuster, Frederico/ Adrián Scribano (2001): Protesta social en la Argentina de 2001: entre la normalidad y la ruptura en: Observatorio Social de America Latina, No 5, Septiembre, S. 17-23
Schuster, Frederico/Sebastian Pereyra (2001): La protesta social en la Argentina

Literatur

democratica: balance y perspectivas de una forma de acción politica, en: Giarracca (Hrsg.), a.a.O., S. 41-63

Schuster, Federico/Francisco S. Naishtat/Gabriel Nardacchione/Sebastián Pereyra (2005): Tomar la palabra. Estudios sobro protesta social y acción colectiva en la Argentina contemporánea, Buenos Aires

Schvarzer, Jorge (1983): Argentina 1976-81: El endeudamiento externo como pivote de la especulación financiera, Buenos Aires

Schvarzer, Jorge (2002): Das historische Scheitern der Konvertibilität: Argentinien in den neunziger Jahren, in: Gabbert, Karin u.a. (Hrsg.): Jahrbuch Lateinamerika. Analysen und Berichte, Bd. 26, Religion und Macht, S. 159-165

Schweickert, Rainer (2002): Neue Krise – alte Probleme. Die wirtschaftlichen Perspektiven Lateinamerikas nach dem Zusammenbruch Argentiniens, in: Brennpunkt Lateinamerika, Nr. 17, 15. Sept., S. 169-176

Sidicaro, Ricardo (2003): Los tres peronismos, Buenos Aires

Sommavilla, Antonio (1996): Wirtschaft und Gesellschaft im Wandel: Argentinien. Frankfurt a.M. u.a.

Sottoli, Susana (2002): Sozialpolitische Reformen und soziale Entwicklung, in: Birle, Peter/S. Carreras (Hrsg.), a.a.O., S. 125-152

Svampa, Maristella (2005): La sociedad excluyente. La Argentina bajo el signo del neoliberalismo, Buenos Aires

Svampa, Maristella/Sebastian Pereyra (2003): Entre la ruta y el barrio. La experiencia de las organisaciones piqueteras, Buenos Aires

Tarcus, Horacio (2005): La lenta agonia de la vieja izquierda argentina y el prolongado parto de una nueva cultura emancipatoria, http://memoria.com.mx/?q=node/491&PHPSESSID=552a74b47e2e91cb724be7ab0f8116e6

Tedesco, Laura (2002): Argentina's Turmoil: The Politics of Informality and the Roots of Economic Meltdown, in: Cambridge Review of International Affairs, Vol. 15, No. 3, S. 469-481

Teubal, Miguel (2004): Rise and Collapse of Neoliberalism in Argentina. The Role of Economic Groups, in: Journal of Developing Societies, Vol. 20, No. 3-4, S. 173-188

Thimmel, Stefan (2004): Villas Miserias in Buenos Aires. Eine Notsituation als Dauerzustand – Armutsinseln in der Megacity, in: Lanz, Stefan (Hrsg.): City of COOP, Ersatzökonomien und städtische Bewegungen in Rio de Janeiro und Buenos Aires, Berlin, S. 177-194

Tittor, Anne (2006): Sozialstrukturveränderungen und politische Artikulation von Protest in Argentinien seit den 1990er Jahren, unveröff. Magisterarbeit in Soziologie, Marburg

Vidal, Gregorio (2001): Privatizaciones, Fusiones y Adquisiciones. Las grandes empresas en América Latina, Barcelona

Welch Guerra, Max (2004): Buenos Aires – die »Deeuropäisierung« der europäischen Stadt und ihre politische Dimension, in: Lanz (Hrsg.), a.a.O., S. 195-206

Weltbank (2003): Weltentwicklungsbericht. Nachhaltige Entwicklung in einer dy-

namischen Welt. Institutionen, Wachstum und Lebensqualität verbessern, Washington D.C./Bonn
Wildcat-Zirkular Nr. 63 (2002): El Argentinazo. Aufstand in Argentinien
Williamson, John (1990): What Washington Means by Policy Reform, in: Williamson (Hrsg.), Latin American Adjustment: How Much has Happened?, Washington, http://www.iie.com/publications/papers/williamson1102-2htm
Woischnik, Jan (2004): MERCOSUR: neuer Präsident, neues Gericht, neues Sekretariat, in: KAS-Auslandsinformationen, Nr. 1, S. 82-96
Woods, Marcela C. (1998): Redes clientelares en el Conurbano Bonarense: Usos del espacio y formas de estructuración del poder local, Teceras Journadas Internacionales Estado y sociedad, CEA,UBA 30.09-2.10.98

Tageszeitungen und Internetquellen:

Pagina 12, http://www.pagina12.com.ar
La nacion, http://www.lanacion.com.ar
El clarin, http://www.clarin.com/
Argentinisches Tageblatt, http://www.tageblatt.com.ar/
INDEC, http://www.indec.mecon.ar

Abkürzungen

ALCA	Área del Libre Comerico de las Américas, gesamtamerikanisches Freihandelsprojekt, das v.a. von den USA, Kanada und Mexiko forciert wird, aber seit dem Antritt verschiedener Mitte-Links Regierungen in Lateinamerika ins Stocken geraten ist
Alianza	Wahlallianz der Parteien Frepaso und UCR 1999
ARI	Alternativa por una República de Iguales, Alternative für eine Republik von Gleichen, linke Partei, 2001 gegründet
Asambleas (populares/barriales)	Stadtteilversammlungen, die im Kontext der Krise 2001/02 v.a. in Buenos Aires massenhafte Verbreitung fanden
Barrios de Pie	wörtl. Stadtteile auf den Beinen, 2001 gegründete Piquetero-Organisation, v.a. orientiert auf Stadtteilarbeit, später kirchnernah
BIP	Bruttoinlandsprodukt
Cartoneros	Kartonsammler, die nachts die Abfälle nach recycelbaren Stoffen durchsuchen, die sie an Müllsammelstellen verkaufen können
CCC	Corriente Clasista y Combativa, kämpferische und klassenbewußte Strömung, Piquetero-Organisation, die der maoistischen Partei PCR nahe steht
CEPAL	Comisión Económica para América Latina y el Caribe – Wirtschaftskommission lateinamerikanischer Länder
CGE	Confederación General Económica, Unternehmerverband, 1952 unter Perón gegründet, um die binnenmarkorientierte Unternehmerschaft zu organisieren
CGT	Confederación General de Trabajo, peronistischer Gewerkschaftsdachverband, 1943 gegründet
Corralito	wörtl. Laufstall – 2001 erfolgte Begrenzung des Kontozugriffs
Conurbano	Außenstadtgürtel von Buenos Aires = Partidos de Buenos Aires
Cuenta propia	wörtl. auf eigene Rechnung; Selbstständige Erwerbstätige
Cromanon	Name einer Diskothek, bei deren Brand im Dezember 2004 knapp 200 Menschen ums Leben kamen
CTA	Confederación de Trabajadores Argentinos, alternativer Gewerkschaftsdachverband, 1992 gegründet
Emprendimientos (productivos)	kleine produktive Projekte, die Piqueteroorganisationen und andere soziale Bewegungen und NGOs aufbauen, v.a. Nähstuben, Schuhmanufakturen, Bäckereien und Gärten, die z.T. v.a. in der Anfangsphase vom Staat bezuschusst werden
empresas recuperadas	wörtl. wiederhergestellte Fabriken; von Besitzern konkurs-

	gemeldete, von der Belegschaft besetzte Fabriken, die ohne Unternehmer die Produktion wieder aufgenommen haben
ESMA	Escuela de Mecánica de la Armada, Mechanikerschule des Militärs, größtes klandestines Folterzentrum während der Militärdiktatur, das 2006 als Gedenkstätte eingeweiht werden soll
Escraches	Ende der 1990er Jahre aufgekommene Aktionsform der Menschenrechtsbewegung, um die Öffentlichkeit über die Verbrechen Einzelner in Vergangenheit und Gegenwart aufzuklären
FRENAPO	Frente Nacional contra la Pobreza – bundesweites Bündnis gegen die Armut, Kampagne von verschiedenen sozialen Organisationen 2001
FREPASO	Frente para un país solidario – Front für ein solidarisches Land, 1994 gegründete Mitte-Links Partei
Frente grande	wörtl. Große Front, Mitte-Links Partei, die zu den Wahlen zum Verfassungsgebenden Konvent 1993 antrat, dann in der Frepaso aufging
FTV	Federación Tierra y Habitat – Föderation für Land und Wohnraum, Piqueteroorganisation, die Teil der CTA ist
GBA	Groß Buenos Aires = Stadtgebiet und Vorstadtgürtel
H.I.J.O.S.	Hijos por la Identidad y la Justicia contra el Olvido y el Silencio – Kinder für die Identität und Gerechtigkeit gegen das Vergessen und das Schweigen, 1995 gegründete Menschenrechtsorganisation
INDEC	Instituto Nacional de Estadística y Censos de la República Argentina – nationales Institut für Statistik und Zensus der Republik Argentinien (regierungsfinanziert)
Justizialismus	von justicia – Gerechtigkeit, die peronistische Partei PJ nennt sich seit 1983 Gerechtigkeitspartei
Madres de la Plaza de Mayo	Mütter des Plaza de Mayo, Menschenrechtsbewegung, 1977 gegründet
MERCOSUR	Mercado Común del Sur, 1991 gegründete Freihandelszone in Südamerika, die zum politischen Regionalblock wird; Gründungsmitglieder: Argentinien, Brasilien, Paraguay und Uruguay, hinzugekommen: Chile, Ekuador, Kolumbien, Peru und Venezuela
MIJD	Movimiento Independiente de Jubilados y Desocupados – unabhängige Bewegung der Rentner und Arbeitslosen, v.a. Piqueteroorganisation
Montoneros	peronistische Guerilla, v.a. während der 1970er Jahre aktiv
MNER	Movimiento Nacional de Empresas Recuperadas, landesweite Bewegung besetzter Fabriken, 2001 gegründet

Abkürzungen

MST	Movimiento Socialista de los Trabajadores, linke Partei mit trotzkistischen Wurzeln
MTA	Movimiento de los Trabajadores Argentinos, später CGT disidente, privatisierungskritische Strömung innerhalb der CGT, 1994 gegründet
MTD	Movimiento de Trabajadores Desocupados, Bewegung arbeitsloser Arbeiter, allgemeine Bezeichnung der Piqueterobewegungen
MTD Aníbal Verón	unabhängige, an Horizontalität orientierte Piqueterobewegung
MTR	Movimiento Teresa Rodríguez, guevaristische Piqueterobewegung
PCR	Partido Comunista Revolucionario, maoistische Partei
Piqueteros	von piquete – Streikposten, Bezeichnung für die Erwerbslosen, die Straßensperren durchführen, um Unterstützungszahlungen durchzusetzen
PJ	Partido Justicialista – Peronistische Partei der PJ
PO	Polo Obrero, Arbeiterpol, trotzkistische Piqueteroorganisation der Arbeiterpartei Partido Obrero
Planes (Trabajar)	wörtl. Arbeitspläne, Unterstützungszahlungen von 150 Pesos für Arbeitslose, die von der Regierung für gemeinnützige Arbeiten gewährt werden; werden z.T. von den Piquetero- Bewegungen verwaltet
PRO	Alianza Propuesta Republicana – rechtskonservative Partei
Pueblada	Aufstand der Bevölkerung
Punteros	Mittelsmänner der Peronistischen Partei, die auf lokaler Ebene großen Einfluß besitzen, weil sie Verfügungsgewalt über öffentliche Gelder und private Gefallen besitzen
Sectores populares	populare Sektoren – Oberbegriff für untere Bevölkerungsschichten (Bauernschaft, Marginalisierte, Arbeiterschaft ect.), der die Gemeinsamkeiten derselben betonen will
SRA	Sociedad Rural Argentina, Verband der Großgrundbesitzer
UBA	Universidad de Buenos Aires, (öffentliche) Universität von B.A.
UCR	Unión Cívica Radical, wörtl. Radikale Bürgerunion, 1890 gegründete links-liberal bis sozial-demokratische Partei, die v.a. unter den urbanen Mittelschichten ihre Basis hat(te)
UIA	Unión Industrial de Argentina, Industrieverband Argentiniens
YPF	Yacimentos Petroliferos Fiscales, ehemals staatlicher Erdölkonzern mit über 100 000 Beschäftigten, ab 1994 privatisiert

VSA: Vom Süden lernen

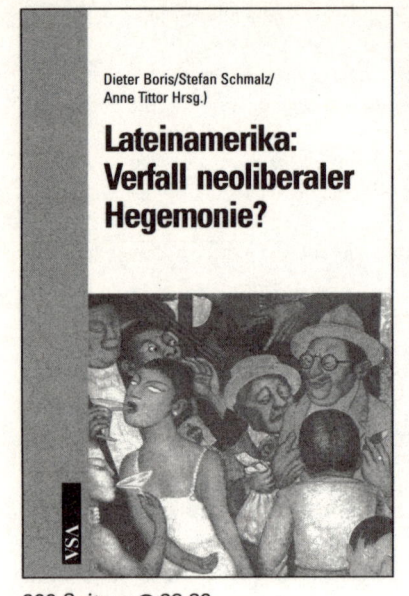

Dieter Boris/Stefan Schmalz/Anne Tittor (Hrsg.)
Lateinamerika: Verfall neoliberaler Hegemonie?
300 Seiten; € 22.80
ISBN 3-89965-143-X
Entspricht der mehr oder minder anti-neoliberale Diskurs der neueren Mitte-Links-Regierungen in Lateinamerika den von ihnen durchgeführten politischen Maßnahmen?

Dieter Boris
Metropolen und Peripherie im Zeitalter der Globalisierung
176 Seiten; € 16.00
ISBN 3-87975-869-7

Prospekte anfordern!
VSA-Verlag
St. Georgs Kirchhof 6
20099 Hamburg
Tel. 040/28 05 05 67
Fax 040/28 05 05 68
mail: info@vsa-verlag.de

Ulrich Duchrow/Reinhold Bianchi/René Krüger/Vincenzo Petracca
Solidarisch Mensch werden
Psychische und soziale Destruktion im Neoliberalismus – Wege zu ihrer Überwindung
gemeinsam verlegt mit **Publik-Forum**
512 Seiten, Fadenheftung, Hardcover; € 19.80
ISBN 3-89965-167-7
Eine Sozio-Analyse der Verlierer, Gewinner und Mittelklassen im Neoliberalismus – der Traumatisierungen und Strategien zur Überwindung.

Christine Buchholz/Katja Kipping (Hrsg.)
G8: Gipfel der Ungerechtigkeit
Wie acht Regierungen über sechs Milliarden Menschen bestimmen
200 Seiten; € 11.80
ISBN 3-89965-200-2

Elmar Altvater (Hrsg.)
Solidarische Ökonomie
Reader des Wissenschaftlichen Beirats von Attac
160 Seiten; € 14.80
ISBN 3-89965-170-7

www.vsa-verlag.de